公認心理師の基礎と実践 7

野島一彦・繁桝算男 監修

知覚・認知心理学

箱田裕司 編

tomi shobo
遠見書房

巻頭言

心理学・臨床心理学を学ぶすべての方へ

公認心理師法が 2015 年 9 月に公布され，2017 年 9 月に施行されました。そして，本年度より経過措置による国家資格試験が始まります。同時に，公認心理師の養成カリキュラムが新大学 1 年生から始まります。

現代日本には，3 万人を割ったとは言えまだまだ高止まりの自殺，過労死，うつ病の増加，メンタルヘルス不調，ひきこもり，虐待，家庭内暴力，犯罪被害者・加害者への対応，認知症，学校における不登校，いじめ，発達障害，学級崩壊などの諸問題の複雑化，被災者への対応，人間関係の希薄化など，さまざまな問題が存在しております。それらの問題の解決のために，私たち心理学・臨床心理学に携わる者に対する社会的な期待と要請はますます強まっています。また，心理学・臨床心理学はそのような負の状況を改善するだけではなく，より健康な心と体を作るため，よりよい家庭や職場を作るため，あるいは，より公正な社会を作るため，ますます必要とされる時代になっています。

こうした社会状況に鑑み，心理学・臨床心理学に関する専門的知識および技術をもって，国民の心の健康の保持増進に寄与する心理専門職の国家資格化がスタートします。この公認心理師の養成は喫緊の非常に大きな課題です。

そこで，私たち監修者は，ここに『公認心理師の基礎と実践』という名を冠したテキストのシリーズを刊行し，公認心理師を育てる一助にしたいと念願しました。

このシリーズは，大学（学部）における公認心理師養成に必要な 25 科目のうち，「心理演習」，「心理実習」を除く 23 科目に対応した 23 巻からなります。私たち心理学者・心理臨床家たちが長年にわたり蓄えた知識と経験を，新しい時代を作るであろう人々に伝えることは使命であると考えます。そのエッセンスがこのシリーズに凝縮しています。

このシリーズを通して，読者の皆さんが，公認心理師に必要な知識と技術を学び，国民の心の健康の保持増進に貢献していかれるよう強く願っています。

2018 年 3 月吉日

監修者　野島一彦・繁桝算男

はじめに

「公認心理師法」が2015年9月に成立して以来，本年（2020年）でちょうど5年となり，全国の大学で公認心理師の学部および大学院カリキュラムが運用され，順調に滑り出していると思われるが，また一方ではさまざまな問題点も出てきている頃だと思う。

本書で取り上げる，「知覚・認知心理学」，とりわけ認知心理学は，他領域で認知という言葉が入った学問領域（たとえば対人認知，認知行動療法など）が多いように，じつに多くの領域で，認知的アプローチが採用されている。とりわけ，構成員に医者が多い，神経心理学では認知神経科学という領域が進展し，さらに多くの研究者を巻き込み，着々と成果を挙げている。心理臨床分野では従来の行動療法に認知的アプローチが融合することによって生まれた認知行動療法はエビデンスに基づく治療法の隆盛の中で，医療現場で精神疾患の有力な治療法として注目され，発展している。司法・犯罪現場では，目撃者や被害者の面接において，事件について想起を促す手法として，認知心理学に基づく面接法である認知面接法が考案され，広く使われるようになった。

これらの新たな展開の基礎にある認知心理学の基本的な考え方，研究方法，これまで蓄積されてきた認知心理学各領域の知見を理解することは，医療や司法・犯罪の現場だけでなく，広く社会で活躍するうえできわめて重要である。

今日，認知心理学，つまり認知的アプローチを用いて心理学を研究するのに言い訳を言ったり，その必要性を訴えたりする必要はない。おそらく誰が見ても至極，当然のアプローチである。しかし，認知心理学の草創期にはそれまでの主流であった，行動主義との戦いがあった。ナイサー（Neisser, 1967）はその著書，『認知心理学』の序論の中で次のように述べている。

> 「認知的観点，力動的観点（注：フロイトの精神分析学など）はけっして心理学に対する唯一の可能なアプローチではない。行動主義は異なる伝統をもち，本質的に上の２つとは相容れない。ワトソンからスキナーに至るまで，ラディカルな行動主義者たちは，人間の行動は観察可能な変数だけで，内的な変遷抜きで説明されるべきだと主張してきた。仮説的メカニズムについて強調することはよくて思索的，悪い言い方をすれば欺瞞的である。彼らにとって，刺激や反応，強化，剥奪時間などについて語るのは正しくても，カテゴリやイメージ，観念などについて語ることは正しいことではなかった。一昔前なら本書のような本は行動主義者に対して少なくとも１章，自己

防衛の章を必要とした。今や，世論は変わった。そのような防衛は必要ではない。刺激－反応理論家たちは熱心に仮説的メカニズムを発明している，しかも少しも良心の呵責を感じないで。認知過程を研究する理由ははっきりしている。それがそこにあるからだ！」（Neisser, 1967）

本書では認知心理学の成立の歴史的経緯から認知的アプローチの前提概念，用いられる研究法，そして各領域まで概説する。しかし，この科目が大学の授業において半期２単位の科目であると想定しているため，本書は全体を通して本文約180ページであり，十分な紙数ではない。この紙数で知覚・認知心理学の全領域をくわしく述べることは難しい。本書だけで，認知心理学をすべて学んだと満足せず，本書を足掛かりにして，よりくわしい認知心理学の専門書をぜひ手にとってほしい。よりワクワクする世界が広がるはずであるし，それは皆さんの他領域の学びに役立つであろうし，心理学に関連するさまざまな現場での活動に役立つだろう。

2020年１月

箱田裕司

文　　献

Neisser, U.（1967）*Cognitive Psychology*. Appleton-Century-Crofts.

目　次

公認心理師の基礎と実践

第７巻　知覚・認知心理学

第１章

知覚・認知心理学とは

箱田裕司

Keywords　フェヒナー，ヴント，ライプチッヒ大学，ゲシュタルト心理学，仮現運動，行動主義，新行動主義，認知地図，部分報告法，データ駆動型処理，概念駆動型処理，領域固有性，領域一般性

Ⅰ　知覚・認知心理学の略史

知覚・認知心理学で扱われている対象については，古くから言及されている。たとえば，古代ギリシャの哲学者，プラトン Plato やアリストテレス Aristotelēs などによっても人間の記憶の性質について語られている。しかし，知覚・認知に関する科学的研究の取り組みは 19 世紀になってからである。

１．科学的心理学の成立

14 〜 16 世紀に勃興し広まったルネサンスは芸術だけでなく哲学にも自然科学にも大きな影響を及ぼした。心理学に強い関わりのある哲学者としてデカルト Descartes, R. が挙げられる。私たちが目にしたり触れたりできる物理世界は，想像の中でも夢の中でも実際にあるかのように経験できる。物理世界はそれほど確かなものではない。しかし，自分の存在をいくら疑っても確実なのは，疑っている自分，考えている自分が存在していることである。これが彼の著作『方法序説』にある「われ思う，ゆえにわれあり」という言葉が意味することである。物の世界と心の世界を区別するこの考え方を心身二元論という。またデカルトは，物の世界と心の世界の接点を脳内の「松果体（しょうかたい）」に求めた。当時，科学の未発達な中にあって，物と心の関係について考えようとしたデカルトの考えは，その後の心理学の発展の基礎を作ったといえよう。

自然科学にも大きな進展が見られる。ミューラー Müller, J. P. は『人体生理学ハンドブック』（1833 〜 42 年）の中で特殊神経エネルギー説を提案する。これ

は，「われわれの感覚は，外界からの刺激が感覚器官の神経を興奮させることによって生じる。そして感覚神経は，視覚，聴覚，味覚，嗅覚，触覚の5つの感覚ごとに性質は異なっている」とする。この考え方はヤング Young, T.・ヘルムホルツ von Helmholtz, H. の色覚説（三色説），ヘルムホルツの聴覚説（共鳴説）へとつながっていく。

また，ダーウィン Darwin, C. の貢献も無視できない。1831 〜 35 年にわたるビーグル号による航海でガラパゴス諸島などでの観察を基礎にして，『種の起源』を著した（Darwin, 1859）。ダーウィンは，同じ種であっても個体は1つひとつが異なっており（変異），環境での生存に有利な特徴をもつ個体が生き残り繁殖する（自然選択）という。彼の『人及び動物の表情について』の研究などのように直接，心理学の表情や感情研究に影響を及ぼしただけでなく，彼の基本的な考え方は，後の動物心理学や進化心理学に広く影響を及ぼした。

同じく 19 世紀に活躍し，とくに実験心理学の成立に大きな影響を与えた物理学者にフェヒナー Fechner, G. T. がいる。フェヒナーはライプチッヒ大学で医学と物理学を学び，その後，意識世界と物質世界の関係について関心をもち，心理物理学という学問を構築した。

以上のような時代背景の中で，ヴント Wundt, W. により実験心理学が誕生する。ヴントは 1875 年にライプチッヒ大学の教授に迎えられ，1879 年にライプチッヒ大学に心理学の実験室を開設したとされる（正式のカリキュラムとして「心理学演習」が加えられた年であって，最終的に「完備した実験心理学のための研究室ができあがるのは 1896 年」（高橋，1994）とする考えもある）。

自然科学が温度計などの計測機器によって集められたデータを研究対象とするのに対して，ヴントは心理学の研究対象をわれわれの生の経験，「直接経験」であるとした。訓練を受けた者が「直接経験」を自己観察する，いわゆる内観によって研究するという方法を用いる。これが内観法と呼ばれるものである。これによって意識内容を分析し，要素を見出し，要素の結合の法則性を明らかにしようとした。意志の働きで要素の取捨選択がなされ，取り上げられた要素が結合することによって要素には存在しない新たな性質が生まれるとした。この働きが統覚と呼ばれる。また，ヴントは統制のとれた心理学実験室で反応時間の実験なども行っている。

ヴントは世界中から弟子を迎え入れた。ドイツからミュンスターバーグ Münsterberg, H.，アメリカからホール Hall, G. S.，日本からは松本亦太郎など，世界中から多くの研究者がヴントの研究室を訪れ，新たな科学である心理学を学び，

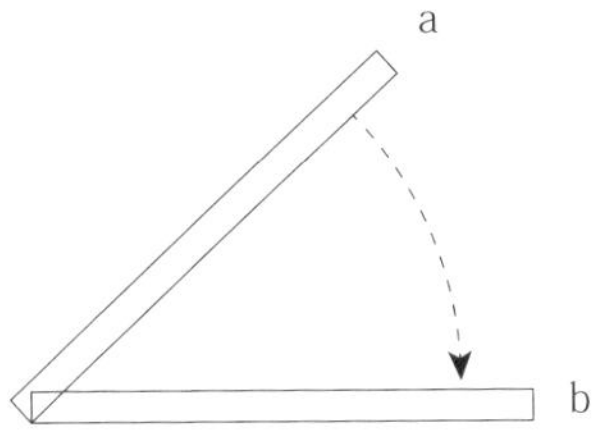

図１　仮現運動（Wertheimer, 1912）

そして母国に戻り，心理学を広めていった。

２．ゲシュタルト心理学の登場

今日の知覚・認知心理学の成立に大きな影響を与えたのは，ゲシュタルト心理学である。ウエルトハイマー Wertheimer, M. は休暇でオーストリアのウイーンからドイツのラインラントに向かう列車の中で物体の運動知覚についての着想を得て，フランクフルトで途中下車し，玩具店で「驚き盤」を買い求め，ホテルに泊まり，どうしたら連続して呈示される図形が運動して見えるかを試した後，知人のシューマン Schumann, F. が教授として勤めていたフランクフルト大学を訪ね，実験を行うようになった。そこには若い研究者ケーラー Köhler, W. とコフカ Koffka, K. がおり，この３人の出会いがゲシュタルト心理学を構築し，発展させるスタートとなった。

ウエルトハイマーが行った実験では，２つの線分 a，b を一定の時間間隔（60 ミリ秒）をおいて連続的に呈示すると，a が b に動いたように見える（図 1）。これが仮現運動という現象である。この現象はそれまでの要素主義では説明できない。運動に対応する要素がないからである。要素の総和によって全体が生じるのではなく，全体は要素の総和以上のものだという主張がなされた。

ゲシュタルト心理学は主として知覚心理学の領域に大きな影響を与えるが，それにとどまらず，ゲシュタルト心理学を学びアメリカに移ったレヴィン Lewin, K. は，集団を個人の集合とは考えず，力動的全体として考え，個人間の関係や集団内部に働く力学に目を向ける「グループ・ダイナミックス」を提唱し，社会心理学の発展につながっていった。

３．行動主義批判と認知心理学の登場

ヴント以降の心理学で研究方法としての内観法に対する批判を行ったのが，ワトソン Watson, J. B. である。彼はその論文（Watson, 1913）の中で，「行動主義

者の見る心理学は自然科学の中の純粋に客観的実験的な領域の１つであり，その理論的目標は行動の予測とコントロールにある」と主張し，内観によって意識を研究するのではなく，有機体（ヒトや動物）に与えられる刺激と反応の関係から研究するべきであると主張する。ワトソンは，思考や意識を研究対象から外し，もっぱら観察可能な行動のみを研究対象とした。

しかし，この急進的な考え方もその後，ハル Hull, C. L. やトールマン Tolman, E. C. らの新行動主義によって修正が加えられる。とりわけトールマンはラットの迷路学習の実験から学習は刺激と反応の連合によって生じるのではなく，環境の中の刺激間の関係，場全体の知覚によって起こるという考えを主張した。その後の認知心理学の研究対象の１つとなる認知地図という考えを提案したのもトールマン（Tolman, 1948）である。

認知心理学の誕生の年を挙げることは困難である。というのも 1950 年代後半から同時発生的に起こったとすべきであろう。１つは情報理論や計算機科学の発展，人工知能研究などの影響を受けながら生まれてきた。はっきりと「認知心理学」というタイトルで認知心理学の独立を宣言したのは，ナイサー Neisser, U. である（Neisser, 1967）。彼はその序論の中で次のように述べる。

> 「ワトソンからスキナーに至るまで，ラディカルな行動主義者たちは，人間の行動は観察可能な変数だけで，内的な変遷抜きで説明されるべきだと主張してきた。仮説的メカニズムについて強調することはよくて思索的，悪い言い方をすれば欺瞞的である。彼らにとって，刺激や反応，強化，剝奪時間などについて語るのは正しくても，カテゴリやイメージ，観念などについて語ることは正しいことではなかった」

認知心理学の研究対象は，行動主義が排斥してきた人間の内的過程そのものである。さらに人間はコンピュータと同様に情報を処理するシステムであると考える。人間の心の働きは多くの処理プロセスから成り立っている。認知心理学者の仕事はそのプロセスを研究することである。処理プロセスの性質は工夫すれば，以下のⅢ節に述べるような方法によって明らかにできるとされた。

Ⅱ　知覚・認知心理学の基本的前提概念

認知心理学ではヒトを，情報を処理するシステムだと考える。この考え方は情報処理アプローチ，認知的アプローチと呼ばれる。この立場に立って人間情報処

B

図 2　ある刺激（Bruner et al., 1955 より作成）

A　B　C

12　B　14

図 3　文脈によって B や 13 に見える例（Bruner et al., 1955 より作成）

理の性質と仕組みを考えるのが認知心理学（あるいは情報処理心理学）である。知覚心理学は必ずしもこの立場に立ってはいない。ただ「知覚」も「認知」も外界や自己の状態を把握する働きのことを示すが，認知心理学の研究対象には記憶や思考など，知覚心理学より高次の情報処理過程が含まれる。

さらに情報処理（認知的）アプローチには下記のような基本的前提概念がある。

1．処理の二方向性

人間の処理システムは複雑な処理過程から成り立っているが，その過程は大きくは刺激入力から始まるボトムアップ型（あるいはデータ駆動型）処理と，知識をもとにしたトップダウン型（あるいは概念駆動型）処理に分けられる。たとえば，情報が外界から感覚器官を通じて入っていると，まず視覚的に呈示された文字であれば線分の長さ，傾き，境界，角などの特徴の分析が行われ，次により高次の文字レベル，語レベルの処理がなされると仮定される。これがボトムアップ型処理といわれる。一方，われわれは文字や語についてすでに知識をもっている。この知識を使って，いま，目にしている刺激が何であるか推論する。次の例を見てみよう（図 2，図 3）。図 2 の刺激を A と C の間に入れると B に見え，12 と 14 の間に入れると 13 に見える。本来は B でもないし，13 でもない。文脈を理解し，この刺激が何であるかを推論しているのである。これがトップダウン型処理である。

通常，この二方向処理は同時に働いている。感覚器官からの情報を処理する場合に知識を使った処理も行っている。

2．領域固有性 対 領域一般性

人間の認知の働きは，生物としてのヒトが環境に適応し，生き延びるためにどのような働きをしてきたのか，何のための仕組みなのかが問われるようになった。これが進化心理学の視点である。コスミデスら（Cosmides et al., 1994）によれば，心は高度に特化した機能をもつモジュールから構成されているとされる。それぞれのモジュールは生得的であり，独自の神経機構をもつ。その働きは速くて，自動的であるとされる。モジュールという考え方は，ヒトはあるタイプの情報に特化した処理メカニズムをもつという領域固有性という概念に類似しているが，後者が必ずしも生得性や対応する神経機構をもつことを仮定していない点で違いがある。一方，領域一般性という仕組みは同じ処理メカニズムがあらゆる処理を司るという考え方である。たとえば，古典的条件づけの仕組みが時間的に接近して出される刺激を結びつけてしまう。これは，たとえそれが視覚刺激であろうと聴覚刺激であろうと生じる。しかも種を超えてこの仕組みが存在するというのは領域一般的な仕組みということができよう。

モジュール性あるいは領域固有性・一般性という考え方は，今日の認知心理学において，その心の仕組みが何のためのものか，環境の適応においてどのような役割を果たしているのかを考える重要な視点を提供している。

III　知覚・認知心理学の研究法

1．心理物理学的測定法

心理物理学的測定法は前述したフェヒナーが構築した心理物理学において感覚，知覚研究で用いられる方法である。第２章に述べるように，絶対閾，弁別閾などの閾値の測定，錯視量の測定など感覚，知覚研究で用いられ，調整法，極限法，恒常法などがある。くわしくは第２章を参照されたい。

2．実験認知心理学的研究法

認知心理学の基礎を作り，そして認知心理学の進展を導いてきたのが実験認知心理学である。ある処理プロセスが存在することを示すために，実験的操作が提案されてきた。たとえば，古くは部分報告法によって感覚記憶の存在を主張したスパーリング（Sperling, 1960）の研究などがある。彼の実験では，９個の文字を瞬間的に呈示しその報告を求めると，観察者は４ないし５個程度の文字しか報告

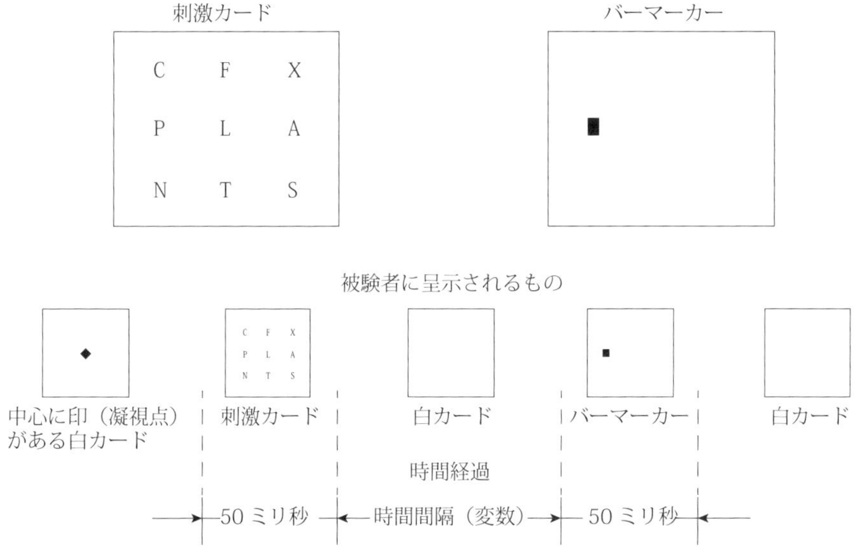

図 4　スパーリング（Sperling, 1959）の部分報告法の実験手続き（Lindsay et al., 1977 翻訳書より作成）

できない（理解の範囲）。この限界が情報の取り入れの限界なのか，それとも記憶の限界を示すのかを示すために，部分報告法（partial report）という方法を考案した（図 4）。まず凝視点の呈示に続いて，文字列を呈示した直後に報告すべき文字の位置を示すマーカー（■）を呈示すると，指示する場所がどこであっても観察者は正確に文字を報告できること，バーマーカーを呈示するタイミングをずらしていくとしだいに，正確さが低下していくことを明らかにした（図 5）。このことは，呈示直後であればほぼ完璧に情報を保持しているが，時間が経過すると失われていく感覚記憶（感覚情報貯蔵）が存在することを示すものとされた。

これ以外にも実験認知心理学的方法には，短期記憶と長期記憶を区別する証拠とされた自由再生法や潜在記憶の存在を示すプライミング法（ともに第 7 章参照）など数多くの方法が提案された。

3．認知神経科学的研究法

認知神経科学は心理学と神経科学の重なり合う分野であり，認知の働きを脳機能から説明しようとするものである。心理学者と神経科学者がブレイン・イメージングの技法を用いて，認知的課題を行っているときの脳活動を研究することによって，1980 年代から認知神経科学は急速に発展してきた。研究のためにいく

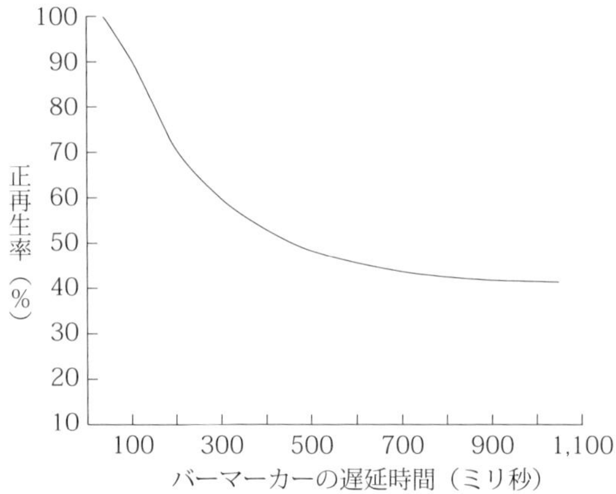

図５　スパーリング（Sperling, 1960）の部分報告法の実験結果（Lindsay et al., 1977 翻訳書より作成）

表１　脳機能の研究技法（Eysenck, 2006 を改変）

単一細胞活動記録	微小電極を脳内の神経細胞に挿入し，その活動を測定する。
事象関連電位（ERP）	脳の電気的活動を頭皮に付着させた複数の電極によって取り出しそれを増幅することによって，刺激呈示によって生じる電位変化を測定する。
機能的磁気共鳴画像法（fMRI）	神経活動によって生じる血流の増加に伴う磁性的変化を検出することによって活動部位を調べる。
脳磁図（MEG）	脳の電気活動によって生じる磁場の変化を超伝導を用いた高感度の装置によって計測する。
ポジトロン断層法（PET）	人体に与えられた放射性物質から放出される陽電子を検出することによって，脳内の神経活動部位を調べる。
経頭蓋磁気刺激法（TMS）	頭皮に近づけたコイルに電気を流すことによって脳内の特定部位に磁場を生じさせ，その部位の情報処理を抑制することによって認知課題遂行の変化を調べる。

つかの技法がある（表 1）。

それぞれの技法については時間的特性（どの程度の時間精度で測定が可能か）と空間的特性（どの程度の空間的精度で測定可能か）に違いがある（図 6）。

4．計算論的研究法

認知の仕組みについての仮説をコンピュータ上でモデル化することをコンピュータシミュレーションと呼ぶ。仮説が正しいかどうかを検証するためには，すで

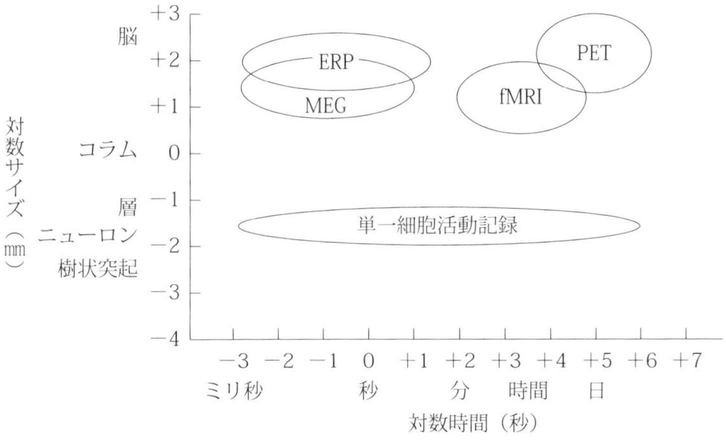

図６　脳機能研究技法の時空間的特性（Churchland et al., 1991 より作成）

に述べた実験認知心理学的方法を用いるが，一方，実験的方法では困難な場合，シミュレーションを用いて検証がなされることがある。定式化された数理モデルに基づき，人間の振る舞いを予測する方法である。とりわけ PDP（並列分散処理）モデルは脳において複数の処理ユニットが同時に並行して働く人間の脳に注目して作られたものである。

Ⅳ　知覚・認知心理学の諸領域

知覚・認知心理学では，感覚（第２章），知覚（視知覚〔第３章〕，聴知覚〔第４章〕など），感性認知（第５章），注意（第６章），記憶（第７章），知識（第８章），イメージ（第９章），問題解決・推論・意思決定（第 10 章），認知の個人差（第 11 章），知覚・認知の障害（第 12 章）などのさまざまな人間の知覚・認知機能の解明に向けた研究が展開されている。本書を通じて，人間の知覚・認知機能への理解が深まることを願っている。

◆学習チェック
- □　認知心理学の成立までの歴史を理解した。
- □　認知心理学の基本的前提概念を理解した。
- □　認知心理学の研究法について理解した。

より深めるための推薦図書

大山正・中島義明編（2012）実験心理学への招待 改訂版．サイエンス社．

行場次朗・箱田裕司編（2014）新・知性と感性の心理―認知心理学最前線．福村出版．

御領謙・菊地正・江草浩幸ら（2016）最新 認知心理学への招待 改訂版．サイエンス社．

仲真紀子編（2010）認知心理学．ミネルヴァ書房．

箱田裕司・都築誉史・川畑秀明ら（2010）認知心理学．有斐閣．

文　献

Bruner, J. & Minturn, A. L.（1955）Perceptual identification and perceptual organization. *Journal of General Psychology*, 53; 21-28.

Churchland, P. S. & Sejnowski, T. J.（1991）Perspectives on cognitive neuroscience. In: R. G. Lister & H. J. Weingartner (Eds.): *Perspectives on Cognitive Neuroscience*. Oxford University Press.

Cosmides, L. & Tooby, J.（1994）Origins of domain specificity: The evolution of functional organization. In: L. A. Hirschfeld & S. A. Gelman (Eds.): *Mapping the Mind: Domain Specificity in Cognition and Culture*. Cambridge University Press.

Darwin, C.（1859）*On the Origin of Species by Means of Natural Selection, or the Preservation of Favoured Races in the Struggle for Life*. John Murray.

Eysenck, M. W.（2006）*Fundamentals of Cognition*. Psychology Press.

Lindsay, P. H. & Norman, D. A.（1977）*Human Information Processing: An Introduction to Psychology*, 2nd Edition. Academic Press.（中溝幸夫・箱田裕司・近藤倫明訳（1983-1985）情報処理心理学入門Ⅰ～Ⅲ．サイエンス社．）

Neisser, U.（1967）*Cognitive Psychology*. Appleton-Century-Crofts.

Skinner, B. F.（1963）Behaviorism at fifty. *Science*, 140; 951-958.

Sperling, G.（1959）*Information in a Brief Visual Presentation*. Unpublished doctoral dissertation. Harvard University.

Sperling, G.（1960）The information that is available in brief visual representation. *Psychological Monographs*, 74; 1-29.

高橋澪子（1994）実験心理学の独立―ヴント．In：梅本堯夫・大山正編：心理学史への招待．サイエンス社，p. 97.

Tolman, E. C.（1948）Cognitive maps in rats and men. *Psychological Review*, 55; 189-208.

Watson, J. B.（1913）Psychology as the behaviorist views it. *Psychological Review*, 20; 158-177.

Wertheimer, M.（1912）Experimentelle Studien über das Sehen von Bewegung. *Zeitschrift für Psychologie und Physiologie der Sinnesorgane*, 61; 161-162.

第2章

感　　覚

光藤宏行

Keywords　視覚，聴覚，体性感覚，触覚，嗅覚，味覚，心理物理学，閾，情報統合，多感覚統合

I　感覚の種類と構造

ヒトは思考し行動するために，まず感覚のプロセスによって外界の環境からの情報を得る。ヒトの感覚のプロセスは，まず個別の感覚器官での処理から始まり，その後脳の各部位に神経細胞による電気信号として伝わる。神経活動は，最終的には統合されて意識に上ったり，情動の反応を引き起こしたり，行動のための運動システムに利用される。個別の感覚器官では，外界からの物理的なエネルギーが，それぞれの受容器によって神経活動に変換される。各受容器が効率良く変換できる物理的エネルギーは適刺激と呼ばれる。感覚の種類と，適刺激，受容器，感覚の体験の概要は次の通りである（鹿取ら，2015; 内川，2008; 近江，2008）。本節では，感覚の鋭敏さ（感度）についての主要な知見も記述した。

1．視　　覚

視覚の適刺激は，波長がおよそ 380 nm から 780 nm の範囲の電磁波であり，可視光線と呼ばれる。1 nm は 1 mm の 100 万分の 1 の長さである。視覚の受容器は眼球内の網膜の錐体・桿体である。視覚による感覚体験は，明るさ，色，形，奥行き，運動などである。放射線，赤外線，紫外線，マイクロ波，電波も電磁波であるが，波長が可視光線とは異なるため，ヒトは視覚として体験することはできない。詳細は，第 3 章の視知覚で紹介する。

2．聴　　覚

聴覚の適刺激は，周波数がおよそ 20 Hz から 20,000 Hz の範囲の音波である。

音波は, 物体の振動に伴う大気の分子の変位により生じる。1 Hz は 1 秒あたりの波の繰り返しの数である。聴覚の受容器は内耳蝸牛の基底膜上の有毛細胞である。聴覚による感覚体験は，音の高さ，大きさ，音色などである。詳細は，第 4 章の聴知覚で紹介する。

3．嗅　　覚

嗅覚の適刺激は，刺激源から発生する気体または微粒子，すなわち揮発性物質である。嗅覚の受容器は鼻腔内の嗅上皮にある嗅細胞である。

嗅覚の感覚体験としては，腐敗性（腐ったもの），花香性（花の良い香り），果実性（果物や果実），焦臭性（焼けこげたもの），薬味性（シナモン，カレー），樹脂性（ゴム）の匂いなどである。匂いの感覚体験の分類方法は他にも多種多様なものがある。体験に基づく匂いの分類を行うと，快－不快という次元は共通して得られることが多い。

匂いの感覚体験の種類だけではなく，嗅覚を引き起こす化学物質の種類も非常に多い。果実のような匂いをもたらす化学物質だけでも，アセトアルデヒド，クマリン，ヘキサノール，ヘキシルブチレートなど非常に多様である。それらを含め，代表的な臭気物質だけでも 50 以上が知られている。

4．味　　覚

味覚の適刺激は，唾液に溶ける水溶性物質である。味覚の受容器は舌の味蕾（みらい）にある味細胞である。味覚の感覚体験としては，甘味，苦味，酸味，塩味などがある。これにうま味を加えて, 5 基本味と呼ぶ場合もある。代表的な味物質として, 甘味については糖，苦味についてはキニーネ，酸味については酢酸，塩味については食塩，うま味についてはグルタミン酸が知られている。辛味と渋味を感じる受容器は味蕾ではなく，これらの味の体験は舌の痛覚が刺激されて生じる。

味覚も他の感覚と同じように，順応が生じる。ある刺激溶液にさらされ続けると，その刺激に対する感度は低下する。舌はつねに唾液にさらされているので, 普段は塩味に順応しているともいえる。よって水が味覚を生じさせる場合もある。

味覚も他の感覚と同じように，性差・年齢差がある。3 ～ 5 歳児を対象にした研究により，甘味と塩味については年齢とともに感度が上がるが，酸味については年齢とともに感度が下がることが明らかになっている。60 ～ 70 歳になると, 基本味すべてについて感度は低下する（近江，2008）。

5．皮膚感覚

皮膚感覚は，適刺激や感覚体験の内容に基づいて，触覚，温覚，冷覚，痛覚に分類できる。

①触　　覚

触覚（または圧覚）の適刺激は，体毛を含めた皮膚に加えられる機械的な圧力である。触覚の受容器は機械受容器と呼ばれ，皮膚の下にあるマイスナー小体，メルケル盤，パチニ小体，ルフィニ小体などの各種細胞の小体である。触覚の感覚体験としては，触感，圧感，粗さ，振動，曲率などがある。

機械受容器で得られた神経活動は，機械受容ユニットを通じて中枢へ送られる。機械受容ユニットは，圧刺激を加え始めたときに強く反応するFA型（fast adapting：速順応）とSA型（slowly adapting：遅順応）に分類される。それぞれの型はさらに，反応つまり神経活動を引き起こす圧刺激の空間的範囲（受容野）によって分類される。受容野が小さいFA－Ⅰ（マイスナー小体），SA－Ⅰ（メルケル盤）と受容野が大きいFA－Ⅱ（パチニ小体），SA－Ⅱ（ルフィニ小体）に分けられる（括弧の中は，対応すると考えられている機械受容器）。

触覚は皮膚の部位によって感度が異なる。絶対閾（圧刺激に気づいたかどうか）を測定すると，鼻，上唇，額のような顔面で感度は高く，ふくらはぎ，足裏，足親指で感度は低い。2点弁別閾（2つの刺激を区別できたかどうか）を測定すると，顔面だけでなく手指で感度は高くなり，足親指でもある程度高くなる。10歳代と70歳代の2点弁別閾を測定した研究によれば，加齢によって触覚の感度は低下する。この原因としては，皮膚の弾性低下，機械受容器の減少・感度低下，脳の機能低下などの可能性がある（内川，2008）。

日常生活では，身のまわりの物体に触れると，物体の表面はさまざまに異なっていることがわかる。手触りのよい毛布は柔らかくふわふわしていて，何回も使って洗濯した木綿の雑巾はざらざらした感じがする。歩いていて転んだアスファルトは粗く，アスファルトに含まれるごつごつした石の塊を感じることもある。磨き上げられた車の外装の表面はつるつるで光沢があり，指で触るとキュッキュッと音がする。

このような材質の違いを触覚によって判断できるのは，まず第1に，物体に触れたときに皮膚に加わる圧力の分布の情報による。物体に触れたときには，物体やその部分の配置，形，大きさによって，皮膚に加わる圧力の分布が変化する。

この情報は，皮膚の中の何層にもわたる上述の機械受容器を通じて電気的な神経活動に変換される。したがって圧力を作り出す物体の部分的な形状は，触覚による物体認識の基盤である。たとえば物体表面の凹凸（粗さ）を識別するときは，凸の細かな部分の間の距離が重要な手がかりであることがわかっている。対象に触れて手を動かさない場合，要素の大きさが 100 μm（0.1 mm）程度までであれば粗さの違いを識別できる。さらに手を動かすことで，10 μm 程度までの粗さを識別できる。人はおよそ 1.25 mm 程度までの間隔の違いを表面の粗さの違いとして知覚できる一方，それより大きな間隔をもつ物体に対しても形状の認識が可能である（Mitsudo, 2015）。さらに，対象に触れる強さ，つまり物体に触れるときの力の加減によって皮膚が沈み込む度合いも，素材の認識に影響を与える。

触覚による認識では，皮膚に与えられる圧力変化の情報に加えて，どのように手などの身体を動かしたかという筋運動的な情報，さらには身体運動の結果として得られる振動などの情報も，重要な役割を果たしている。アップル社製のノート型コンピュータであるマックブックは，トラックパッドの部分を押すとトラックパッドが少し沈むように感じる。しかし実際にはトラックパッドは音を発し，振動しているだけであり，触覚による錯覚を利用した装置である。また触覚的認識であっても認識の対象が皮膚に触れることは必ずしも必要ではない。杖で床や地面を叩くと，振動が手に伝わる。金属，アスファルト，土の地面や床には直接触れていないにもかかわらず，杖に伝わる振動によってそれらを識別可能である。視覚障害者の杖は，振動による物体の認識だけでなく空間の認識に役立っていることを示す研究もある。このように考えると，振動の情報も環境を認識する重要な手がかりであるといえる。

②温　　覚

温覚の適刺激は，温度刺激または電磁波の熱線部である。温覚の受容体は皮膚の下にあるルフィニ小体である。温覚の感覚体験は，暖かさと熱さ，対象の温度である。

③冷　　覚

冷覚の適刺激は，温覚の場合と同じく，温度刺激または電磁波の熱線部である。冷覚の受容体は皮膚の下にあるクルーズ小体である。冷覚の感覚体験は冷たさ，対象の温度である。

身体の各部位が順応している温度より高いか低いかで，温覚と冷覚が決まる。温覚・冷覚の弁別閾を測定すると，感度が高いのは唇，頬，上腕などである。つま先やふくらはぎでは全体的に温覚・冷覚の感度は低くなるが，冷覚より温覚の方が感度は低い。加齢によって，触覚，温覚，冷覚の感度は低下する（内川，2008）。

④痛　　覚

痛覚の適刺激は強い機械圧，化学薬品，電流などである。痛覚の受容器は皮膚の下の自由神経終末などである。痛覚の感覚体験は痛みである。

6．自己受容感覚

自己受容感覚は運動感覚・位置感覚を含む。自己受容感覚の適刺激は筋，腱，関節部の緊張の変化である。自己受容感覚の受容器は筋，腱内の受容器である。自己受容感覚の感覚体験には，身体の運動状態，手足の位置（緊張感，弛緩感を含む），身体全体または部分の緊張や運動などがある。

7．前庭感覚

前庭感覚は平衡感覚を含む。前庭感覚の適刺激は身体の傾き，全身の加速度運動である。前庭感覚の受容器は内耳前庭器官の受容器である。前庭感覚の感覚体験は，重力に対する身体の位置または全体の運動の感じである。

8．内臓感覚

内臓感覚の適刺激は内臓諸器官の内部の生理的バランスの変化である。内臓感覚の受容器については定説はない。内臓感覚の感覚体験は，身体内部の痛みや諸器官の状態である。

II　感覚の一般的特性

上で述べた感覚のプロセスを調べるための方法は，ある程度共通している。本節では，感覚のプロセスを調べるための心理学的な方法論，基礎的な研究方法，重要概念を紹介する（大山，1994）。

1．心理物理学

心理物理学（精神物理学）の目的は，感覚を生じさせる刺激の物理量と，感じられた量や主観的な判断との関係を明らかにすることである。この試みを最初に行ったのは，19世紀の科学者フェヒナー Fechner, G. T. である。横軸に刺激の物理量をとり，縦軸にヒトなどの実際の参加者を含む生体から得た実験データをプロットした関数やグラフを心理測定関数という。

2．閾

ヒトの感覚および感覚情報処理システムの具体的な特性を調べるためには，特定の課題を参加者に課して，刺激閾や弁別閾などを測定することから始める場合が多い。たとえば，真っ暗闇の中，視覚によって1つの光点に気づくかどうかという単純な課題を考えよう。この場合，弱すぎる強度の刺激（光）は知覚できないが，ある程度の強度があれば知覚可能であり，その場合には意識に上ると考えることは自然である。知覚できるかどうかぎりぎりの境界の物理的な強度下限のことを，絶対閾（または刺激閾，検出閾）という。刺激強度が高すぎると，通常の知覚を生じさせることはできなくなる（光の強度が強すぎると，網膜が損傷する）。このように感覚が生じなくなる境界の物理的強度の上限を刺激頂という。

絶対閾以外で重要なものに，弁別閾がある。知覚可能な強度の刺激に対して，ある感覚刺激の属性や次元（明るさ，色，音色など）を特定の方向に，特定の量だけ変化させる場合を考えよう。一般的に考えて，元の刺激と変化させた刺激を比べるとき，変化量が小さければ違いに気づかないし，変化量が大きければ違いに気づく。このとき，違いに気づくかどうかの境目の変化量を弁別閾という。

絶対閾であれ弁別閾であれ，閾値は低い方が，課題成績としては高く，感覚の感度は高いといえる。閾値の逆数を感度と呼ぶ場合もある。閾値の単位は物理的な単位であることが多い。多くの場合，閾値の具体的な測定は，参加者内で繰り返し行った試行の平均値などを代表値とする。異なる実験条件で閾値の変化を調べたり，年齢や性別が異なる参加者の間で閾値を比較することで，ヒトの感覚システムをより詳細に調べることができる。

①閾値の測定方法

閾値を調べる手法には，極限法，階段法，恒常法，調整法などがある（岡嶋，2008)。極限法では，刺激の強度が低いまたは高い場面から試行を始める。刺激の強度が低ければ，当然「知覚できない」という反応になる。次に少し刺激強度を上げても,「知覚できない」という同じ反応が得られるとする。このように徐々に刺激を変化させていき，その知覚が保たれる「極限」，すなわち「知覚できた」という反応が得られるまでそのセッション（試行の繰り返し）を続ける。同様の手続きを，刺激強度が高い場面から始めて行う。このような操作を何回か行い，各セッションの最後の強度を平均するなどして，閾値を求める。

階段法（上下法）では，ある強度の刺激が低いまたは高い場合でまず判断を求める（これは極限法と同じである）。次の試行では，前の試行に応じて刺激強度を変化させ，再度判断を求める。たとえば，前の試行で刺激が知覚できなければ強度を上げて呈示する。反対に前の試行で刺激が知覚できれば刺激の強度を下げて呈示する。このような操作をもとに試行を繰り返していくと，刺激の値は「階段」のように「上下」しながら，刺激の強度は閾値付近に収束していく。収束した付近の試行の刺激強度を平均するなどして，閾値を求める。

恒常法では，刺激の強度をあらかじめ数段階「恒常的に」決めておいて，それをランダムな順番で呈示し，それぞれの判断を求める。すべての刺激強度を一定の回数呈示すれば，心理測定関数が描ける。そのグラフをもとに閾値を求める。

調整法では，参加者に対しあらかじめ判断の基準を教示しておき，それに合うように参加者自身が刺激強度を変化させて「調整」する。基準に一致したときの刺激強度を閾値とする。この方法では主観的等価点（point of subjective equality：PSE）を求めることも容易である。

どの方法を用いるかによって，実験時間や課題に対する参加者の動機づけに少なからず影響する。また方法によっては，参加者の感覚プロセスだけでなく，参加者の偏った判断や推測，思い込みが測定値に反映されてしまう場合もある。実験実施の制約にも依存するので，一概にどの方法が良いかを決めることはできない。

3．順応，残効，対比

どの感覚でも，閾値を測る前にある刺激を呈示しておき，その直後に同じ強度または刺激量のテスト刺激（検査刺激）を呈示して閾値を測定すると，閾値は上昇する（すなわち感度は下がる）。このような感度低下またはその引き起こす原因は，順応と呼ばれる。

順応を起こす刺激を呈示した後に，別の刺激量（強度）をもつ刺激を出すと，刺激量が順応刺激の強度とは反対方向に変化して知覚される場合もある。これは残効と呼ばれる。視覚の場合の明るさと色に関する残効が，残像である。

空間的位置を変えるなどして，順応刺激とテスト刺激を「同時に」呈示する場合，順応刺激に相当するものは誘導刺激と呼ばれる。テスト刺激の刺激量は誘導刺激と反対方向に変化して知覚されることが多い。これを対比と呼ぶ。

4．感覚についての基本的法則

ここでは閾値や，感覚の体験内容（感覚量）を，刺激強度（刺激量）と結びつける基礎的理論を紹介する（大山，1994）。

①ウェーバーの法則

ウェーバーの法則とは，ヒトが感覚的に区別できる2つの物理量の最小の差（弁別閾）は，その差異の絶対量では決まらず，その際の物理量の水準に比例して変化することを指す。たとえば，10 g と 11 g の差をぎりぎり区別できた人でも，20 g と 21 g の差は区別できなかったとする。しかしこの人は 20 g と 22 g の差は区別できたとしよう。このとき，区別できるかにとって重要なのは差の 1 g ではなく，10 g に対する 1 g，20 g に対する 2 g という比率であると考えられる。

これを数式で表してみよう。基準となる物理量の水準を I，それとぎりぎり区別できる物理量を $I + \Delta I$ とすると，

$$\frac{\Delta I}{I} = K$$

となる。K は定数と見なされ，ウェーバー比と呼ばれる。

②フェヒナーの法則

ウェーバーの法則の式に出てくるのは物理的な刺激量であって，心理物理学の対象となる「主観的な」感覚量は現れていない。フェヒナーはウェーバーの法則の式をもとに，感じられる量 E は刺激量 I の対数に比例すると考えた。対数は，刺激量が大きいときにはその変化が相対的に緩やかになる関数関係である。したがって，刺激量が小さいときには感じられる量（感覚量）の変化は相対的に大きいが，刺激量が増えると感じられる量の変化は小さくなる。これは直感的にはウェーバーの法則と一致しているだろう。その式は，

$$E = k\log I + C$$

と表される。log は対数，k と C は定数である。

③スティーブンスの法則

刺激量と感じられる量の大きさが対数関係にあるとしたフェヒナーに対し，20世紀のアメリカの心理学者スティーブンス Stevens, S. S. は，両者はべき関数の関係にあるとした。その式は

$$E = kI^{\alpha}$$

である。α はべき指数であり，感覚の種類によって決まる定数であると見なされる。α を決めるためにスティーブンスが用いた方法の 1 つは，マグニチュード推定法である。たとえば参加者にある強度をもつ刺激を呈示して，それを「10」という数的な量に対応すると見なすように教示する。その後，別の強度の刺激を呈示し，いくつの数値に対応するかを口頭で報告してもらうという方法である。この方法で，呈示する刺激の強度を変化させると，あるときは直線，あるときは上または下に凸の曲線的関係になることをスティーブンスは見出した。このデータにべき関数をあてはめると，視覚，聴覚，嗅覚では上に凸となり，べき指数としては 1 より小さいことが多かった。それに対し味覚，重さ，温覚，電気刺激による痛覚ではグラフは下に凸となり，べき指数は 1 より大きくなった。

スティーブンスの法則を応用した例には，パーソナル・コンピュータやスマートフォンの表示画面（ディスプレイ）の輝度調整がある。光の物理的単位である輝度（単位は cd/m^2）を連続的に変化させると，視覚の明るさの感覚としては暗い所では変化が急で，明るい所ではあまり差が感じられなくなる。つまりグレースケールの値が黒から白まで，知覚的には一定の変化量で連続的に変わっているようには見えなくなる。これを解決するため，一般のディスプレイではガンマ値というものが決められている。ディスプレイのガンマ値は上の式では $1/\alpha$ に相当するものであり，多くのディスプレイではべき指数でいえばおよそ 0.5 になるように調整されている。

III　多感覚統合

私たちの感覚システムは，さまざまな入力情報を，まとまりのある単一の対象や出来事として統合し解釈しようとする。複数の感覚モダリティに基づく入力情報をまとめ，単一の事象として認識することを多感覚統合という。多感覚の説明に入る前に，考えやすい例として，単一の感覚のモダリティの例である視覚の知

覚現象，錯視を取り上げよう。錯視とは，物理的には同一の部分が異なって見える視知覚現象である（第3章も参照）。錯視のうち単純な図形的要素を組み合わせて生じるものは幾何学的錯視と呼ばれ，多くは19世紀に発見された。例えば，同じ長さの線分が異なって見えるミュラー・リヤー錯視，平行な線分が傾いて見えるツェルナー錯視，同じ直径の円が異なった大きさに感じられるエビングハウス錯視などが有名である。似た例には，周りの要素の配置によって色の色相が異なって見える色の対比や同化などがある。どの例においても，要素を取り出し，それだけを分析的に判断するという見方はきわめて難しい。つまり，さまざまな要素は付近の情報の影響を受け,「統合」された形として見えている。このような錯視は，図形を構成する線分や円などの個別の要素をまとめようとする，感覚システムの一般的な統合原理を反映していると考えられる。

このような統合原理は，視覚という単一のモダリティだけではなく，聴覚や触覚などの異なる感覚モダリティの情報が与えられた場合にもあてはめて考えることができる。

1．視覚と聴覚の統合――マガーク効果と腹話術効果

聴覚による音声を解釈するときに，音声内容と一致しない視覚的な顔の映像が呈示された場合を考えてみよう。すると聞こえる内容は顔の映像に「ひっぱられて」，音声のみが呈示された場合とは異なって聞こえる。これは，マガークら（McGurk et al., 1976）が発表した知覚現象である。他にも視聴覚統合があてはまる例として，いわゆる腹話術がある。これは人が操作する人形が話しているように感じられるという知覚現象である。聴覚に基づく実際の音源の位置は，人形を操作する人であるが，人形が音を出しているような印象を与える視覚情報がある場合，感覚系はそのような紛らわしい視覚情報の影響を受けて情報を統合する。その結果として，感じられる音源は実際の音源の位置とは異なる場所にあるように感じられる。

2．視覚と前庭感覚の統合――ベクション

前庭感覚系は，自己が等速で連続的に運動・移動しているときには反応できない。それを補うため，ヒトは視覚によって自分自身が移動しているという認識を得ている。一般的にいえば，自己の移動を感じるためには，前庭感覚と視覚による情報が統合される必要がある。視覚のみによって得られる，自己が移動しているという感覚は，ベクションと呼ばれる。ベクションの種類としては，運動の種

類に応じて，回転によるサーキュラーベクション，直線的な移動によるリニアベクションがある。

自己運動感覚が原因となって引き起こされるものに，動揺病（モーションシックネス）がある。動揺病では，車酔い，船酔いなどのように，気分が悪くなり，吐き気や嘔吐が生じる。現代では，大画面で動画映像を見る場合にも生じる。これが生じる原因として，前庭感覚と視覚の間での感覚入力情報の矛盾があるという説があるが，まだ原因の特定には至っていない（近江，2008）。

3．視覚と触覚の対応づけ――モリヌークス問題

視覚を回復しつつある盲人が，三次元的な立方体と球を目にしたとき，それらの名前を正しく言うことができるだろうか？　これは，17 世紀の哲学者ロック Locke, J. による著作の中で，ロックの友人の弁護士モリヌークス Molyneux, W. が述べたとされる問題である。モリヌークスとロックは思索によって，「できない」という答えを導いた。なぜなら「盲人は，立方体や球が触覚にどのように影響するかについての経験を有しているが，触覚に影響するものが視覚に影響しなくてはならない（すなわち，感覚間で情報がどのように対応づけられるべきか），ということについての経験は持っていないからである」。この問題は，多くの実験心理学者によっても調べられてきた（Morgan, 1977）。

失明の原因の 1 つに，角膜や水晶体が生まれつき濁っている先天性の白内障がある。現代では，先天性の白内障が発見され，手術が行われるのは主に幼児期である。幼児では三次元形状を適切に言語的に表現するということが難しく，見えたものを適切に表現するためには，ある程度の言語的能力が発達していることも必要になる。

ヘルドら（Held et al., 2011）は，失明に対する処置を行うプロジェクト・プラカシュの協力を得て，参加者を募集した。この研究では，先天盲であるが処置可能であり，信頼できる弁別検査を行える程度に成熟していること，視覚と触覚が独立に機能しているという条件を満たす参加者を探した。そして，両眼に重い白内障または不透明な角膜をもつ 5 名の 8 ～ 17 歳の子どもを参加者として研究を行った。5 名は，水晶体の除去と眼内レンズ挿入の手術，または角膜移植の手術を受けた結果，視力は 0.2 ～ 0.5 度程度に回復した。モリヌークス問題の検査では，レゴブロックのような三次元物体を 20 ペア準備し，ペアの片方の対象に触れた後，その対象を見て選ぶことができるかを調べた。検査を手術 2 日後以内に行ったところ，正答率は約 50%から 60%であり，触れた対象を見て選ぶことは

非常に難しいことがわかった。見たものを見て選ぶ場合，触れたものを触れて選ぶ場合には正答率は約90%だった。ただし，うち3名に対して5日から5カ月後に行った追加検査では，正答率は約80%に向上した。したがってモリヌークス問題に対する心理学者の回答も，ロックたちの答えと同じ「ノー」である。ただし，経験を通じて急速に発達するというのはロックたちが見抜けなかった点といえる。

4．味覚と嗅覚の感覚統合

日常生活で使う意味での味は，さまざまな感覚が統合された知覚体験である。交通事故や脳梗塞による脳損傷で匂いがわからなくなった場合でも，味がわからないとだけ報告するケースが多い。心理学実験によっても，匂いを加えることで味覚が変化することが明らかになっており，味覚と触覚，視覚の間の相互作用も存在する（近江，2008）。

5．情報統合の発達――大人と子どもの比較

感覚システムが情報統合をどのように行っているのかを調べるために，わざと矛盾した情報を与えて，どのように判断がなされるかを調べる方法がある。前述のマガーク効果や腹話術効果は，視覚と聴覚で矛盾する情報を与える課題といえる。別の課題では，視覚と触覚を検討している（Ernst et al., 2002）。大人の場合にこの課題を行うと，情報の統合の際には信頼できる情報が重視され，単独の情報のみが与えられた場合より判断の一貫性は向上する。すなわち，与えられた情報を，最適に近い方法で利用した判断結果が得られることが知られている。このような考え方は，感覚システムがベイズ推定による情報統合を行っているという考え方と一致する。

大人によるこのような洗練されたやり方の感覚情報統合は，子どもでも見られるのだろうか？　この問題を調べるために，イタリアの心理学者のゴリら（Gori et al., 2008）は，上で述べたような視覚情報と触覚情報に基づく形態の判断課題を行った。5歳から10歳までのそれぞれの年齢ごとに結果をまとめたところ，低い年齢の子どもほど，感覚情報を増やすと判断の成績が低下し，得た情報を「最適ではない」やり方で処理していることを示唆する結果が得られた。

さらにナディーニら（Nardini et al., 2010）は，視覚的手がかりの間の統合を子どもはどのように行っているかを類似の研究手法によって調べた。着目したのは，対象の奥行き方向の傾きであった。傾きは両眼手がかりによって定義される

場合と，遠近法手がかりによって定義される場合があった。判断の正確さと反応時間を測定したところ，12歳ぐらいの子どもは大人と似たような傾向であったが，6歳ほどの子どもは手がかりを必ずしも統合していないことを示唆する結果を得た。よって子どもの感覚処理の仕組みは大人とは異なっていて，成長に伴う手がかりの変化に柔軟に対応する仕組みを有しているのもしれない。

◆学習チェック
□　感覚の種類について理解した。
□　心理物理学，閾などの概念について理解した。
□　多感覚統合の具体例について理解した。

より深めるための推薦図書
鹿取廣人・杉本敏夫・鳥居修晃編（2015）心理学 第5版．東京大学出版会．
近江政雄編（2008）味覚・嗅覚．朝倉書店．
岡嶋克典編（2008）感覚・知覚実験法．朝倉書店．
大山正（1994）色彩心理学入門．中央公論社．
内川惠二編（2008）聴覚・触覚・前庭感覚．朝倉書店．

文　献

Ernst M. O. & Banks M. S.(2002)Humans integrate visual and haptic information in a statistically optimal fashion. *Nature*, 415; 429-433.
Held, R., Ostrovsky, Y., de Gelder, B. et al.（2011）The newly sighted fail to match seen with felt. *Nature Neuroscience*, 14; 551-553.
東山篤規（2012）体と手がつくる知覚世界．勁草書房．
鹿取廣人・杉本敏夫・鳥居修晃編（2015）心理学 第5版．東京大学出版会．
Gori, M., Del Viva, M., Sandini, G. et al.（2008）Young children do not integrate visual and haptic form information. *Current Biology*, 18; 694-698.
Nardini, M., Bedford, R. & Mareschal, D.(2010)Fusion of visual cues is not mandatory in children. *Proceedings of the National Academy of Sciences of the United States of America*, 107; 17041-17046.
McGurk, H. & MacDonald, J.（1976）Hearing lips and seeing voices. *Nature*, 264; 746-748.
Mitsudo, H.（2015）Inferring the depth of 3-D objects from tactile spatial information. *Attention, Perception, & Psychophysics*, 77; 1411-1422.
Morgan, M. J.（1977）*Molyneux's Question*. Cambridge University Press.
近江政雄編（2008）味覚・嗅覚．朝倉書店．
岡嶋克典編（2008）感覚・知覚実験法．朝倉書店．
大山正（1994）色彩心理学入門．中央公論社．
内川惠二編（2008）聴覚・触覚・前庭感覚．朝倉書店．

第３章

視知覚

光藤宏行

Keywords　網膜，錐体，明るさ，色，恒常性，顔の認識，物体認識，空間の知覚，奥行き，両眼立体視，運動，バイオロジカル・モーション

視覚によって，私たちは外界の様子を素早く知り，行動し，または文字などの情報をもとに意味的な理解を行うこともできる。ここでは，眼を通じて得た視覚情報を元に外界を知覚・認識する基礎的な働きを解説する。

Ⅰ　明るさと色の知覚

1．眼と脳による視覚処理

外界から届いた光は眼の中の網膜が受け取る。眼はカメラにたとえると理解しやすい（大山，1994）。カメラはレンズ，フィルム，絞りなどの部品からできている。眼とカメラは似ているが，異なるところも多くある。おおまかにはレンズは水晶体と角膜，絞りは虹彩，フィルムは網膜に対応する。カメラのレンズのピントを調節することで，画像は鮮明になる。水晶体は透明な組織で，タマネギのように層をなしている。水晶という形容ではあるが，身体の中に硬い水晶があるわけではない。この水晶体の周囲に筋肉が円周方向に配置されていて，筋が収縮すると水晶体の厚みが大きくなる。同時に角膜という眼の表面の膜も曲がり，近くのものにピントを合わせることができる。歳を重ねるとこの水晶体がどんどん固くなって，変形しにくくなる。その結果として，近くのものがぼけて見えにくくなる。眼の内部は，硝子体（しょうしたい）と呼ばれるゼリー状の組織で満たされている。

網膜はカメラのフィルムやCCDセンサーに対応する。現代のデジタルカメラやスマートフォンのカメラでは，映している映像は液晶画面にリアルタイムで表示できる。人間の網膜の場合も同じく眼が開いている限りは情報は絶えず脳に伝えられて，映像を意識に上らせることができる。フィルムの感光物質やデジタルカメラの画素は平面上に均質に並んでいるのに対し，ヒトの場合に光を捉える視細

胞の一種である錐体は，中央付近の一部分だけ密度が高く，端に行くにしたがってまばらになっていく。視細胞はそれぞれの眼の網膜で錐体・桿体をあわせて約1億あり，二次元の平面上に配置されている。網膜の感度は環境の明かりの強さに依存して感度を変えることができる。暗い部屋に突然入ると最初は何も見えないが，徐々に見えるようになる。いわゆる「暗闇に眼が慣れてくる」状態である。これを暗順応と呼ぶ。暗い所から明るい所に行くと最初はまぶしいと感じるが，こちらは比較的すぐ慣れる。これを明順応と呼ぶ。鮮明な像を得るためにはカメラを固定することが大切であるが，網膜の場合には眼を本当に固定すると，何も見えなくなる(これを静止網膜像という)。眼は自然状態ではじっとしているように見えても小刻みにブルブル震えている。これは固視微動と呼ばれる。

カメラの場合は印刷すれば終わりであるが，ヒトの視覚の場合には，網膜像の二次元の模様を解釈する，という重要な課題が残っている。網膜から神経細胞の束が1カ所から出て，脳に至る。眼を出る前でも何段階もの処理があり，網膜では錐体・桿体，そして水平細胞，次に神経節細胞などという連絡がある。視神経の束が眼球から出る場所が，盲点（盲斑）である。盲点の上には光を感じる神経細胞はないので，その場所は光を感じることはできない。光が当たらなくても，盲点の周りの情報によって，脳が埋め合わせを行う。その後は外側膝状体を経て第一次視覚野というほぼ頭の後ろの部分の部位に届く。

2．色の知覚

世界は視覚によって鮮やかに色づいて見える。日常生活でも，色は多くの点で重要である。お洒落を気にする人にとっては，どのような色の服を着るかは重要な関心事だろう。赤，黄色，白色の花は，緑色の葉っぱの背景から目立つし，赤，黄，青などの交通標識を識別するのも色である。何億円もの価値があるとされる画家の絵も，極言すれば，価値の源は色の塗り方によるものだ。ただし色は物質の，物理的または化学的な性質や特性ではない。17世紀の物理学者ニュートンNewton, I. の言葉の通り，「光線には色はついていない」。色は私たちの脳が作り出している，いわば錯覚である。

色を知覚するために必要なことは大きく2つに分けられる。第1に，さまざまな波長をもつ光が眼に届かなくてはならない。波長という表現がかたくてピンとこない人は，ピアノの鍵盤やギターの指板を想像するとよい。高い音は波長が短く，低い音は波長が長い。波長の変化は，ピアノでいえば音階，音の高さに対応する。ドレミファソラシドという変化は，波長の違いである。鍵盤を1つたたくと，それに対応する，特定の高さの音が聞こえる。視覚でいえば，虹の中の特定の色が見えることに対応する。それに対し太陽光はさまざまな波長を含む。これは聴覚でいえば，掌や肘を使って鍵盤を同時にジャーンと鳴らすことに対応する。電磁波のうち，波長が 380 ～ 780 nm あたりのものが可視光線と呼ばれる電磁波である（第 2 章参照）。電磁波の振幅は，音の強さに対応する。

色を知覚するために必要な 2 番目の点としては，眼に届いた光を網膜の視細胞が電気的活動に変換することが挙げられる。光が電流に変換されるという点では，視細胞と太陽電池は同じである。太陽からさまざまな波長の光がやってきて，身のまわりのさまざまな反射特性をもつ対象の表面に反射し，眼に届く。眼に届く波長はさまざまとなるので，結果として，世界は色とりどりに見える。この色覚のための感覚プロセスを理解するために必要な理論を次に紹介する。

①ヤング・ヘルムホルツの三色説

色を見分けるためには，網膜上では何種類の視細胞が必要なのだろうか？ 19 世紀に活躍した科学者であるヤング Young, T. とヘルムホルツ von Helmholtz, H. は，網膜上の視細胞は 3 種類でよいという仮説を提唱した。これは現在ヤング・ヘルムホルツの三色説として知られているものである。

視野全体にわたって，ある強度の光が一様に届くとき，網膜上のそれぞれの場所で，視細胞（錐体）が光を受け取る。視細胞は二次元平面の上でモザイク状に並んでいるとする。ある視細胞の反応の特性を表すため，横軸に波長，縦軸に反応の強さを考えることにしよう。さまざまな波長の光を順に当てて，反応がどのように変わるかを調べる。反応の仕方をもとに視細胞の分類を行う場合，三色説によれば視細胞の反応の仕方は無数にあるのではなく，たった 3 種類でよい。3 種類の視細胞がさほど偏りなく平面上に分布しているとすると，互いに近い場所にある視細胞の反応の組み合わせをもとに，多くの色を区別することができる。3 種類の視細胞は，現在では S 錐体，M 錐体，L 錐体という名称で呼ばれる。S，M，L はそれぞれショート，ミドル，ロングの頭文字である。S，M，L 錐体の反応が最大となる波長は，およそ 420，530，555 nm である。桿体にはこのような波長選択性はなく，網膜上の分布も錐体とは大きく異なっている。

②混色と色覚の性差

三色説と一致する現象として，混色と色覚異常がある。混色とは，数種類の色を組み合わせて，さまざまな色を表現できることを指す。学校の美術の時間に，絵の具を混ぜて微妙な色合いを出すことできたことを思い出そう。パソコンや携帯電話のディスプレイは赤，緑，青の３種類の画素しかないにもかかわらず，微妙に異なる多くの色を知覚できる。これは隣接する画素の間隔が狭く，視細胞の分布と近いかそれ以下であるために，色が混じって見えるというものだ。これはヒトの視覚の空間解像度の限界を利用したものであるが，時間解像度の限界を利用した混色も用いられている。それは赤，緑，青で描いた画像を交互に呈示するものである。プロジェクターなどを見ているときに眼を素早く移動させると，一瞬，赤，青，緑の原色が見えることを体験することもできる。ディスプレイの混色は，色を加えると明るくなることから加法混色とも呼ばれる。それに対し絵の具の混色では一般的には色を加えると暗くなるため，減法混色と呼ばれる。ディスプレイの場合も絵の具の場合のいずれも，少ない原色から微妙に異なる多彩な色合いを表現できるという点では同じだ。

もう１つ三色説を支持する現象として，色覚異常がある。日本人では成人男性の 4.5％，女性では 0.6％が色覚異常である。多くの色覚異常の人は，緑と赤の区別がつきにくい。これは，錐体のうち，中波長または長波長光に対して強い応答を示す M 錐体または L 錐体がない，あるいはその働きが弱いということから説明される。

男女で色覚異常の割合が異なるのは，染色体の違いによる（Gegenfurtner et al., 2003）。男性は X 染色体と Y 染色体をもち，女性は２つの X 染色体をもつ。ヒトには 22 対の常染色体と，２つの性染色体がある。遺伝子の解析により，色覚は性染色体と関係していることがわかっている。M 錐体と L 錐体をコードする遺伝子は X 染色体にある。S 錐体と桿体をコードする遺伝子はそれぞれ７番染色体と３番染色体にある。X 染色体でコードされている L 錐体は２種類あり，それらは４～７ nm ほど，ピークがわずかにずれている。両方のタイプをもつ女性は，計４種類の錐体をもつことになる。３色説の考え方を応用すると，L 錐体はおもに赤付近の色に強く反応することから，微妙な赤の違いを，異なる色として知覚している可能性があるということだ。実際に，３色型用の色覚テストについて違和感を訴えるケース，色の見えに関してより豊かな体験があると報告する女性もいる（Jameson et al., 2001）。

３．明るさの対比・文脈効果と恒常性

上で述べたように，眼で何かの物体を見てその色や形を判断するときは，太陽などの光源から物体に光が当たり，そこで反射した光が眼に入り，網膜で神経活

動に変換されて脳で処理がなされる。私たちの脳の一部である視覚系が利用できる情報は神経活動の頻度であり，物体から届いた光の特性をそのまま知ることはできない。これを良く示す知覚現象は，明るさの対比である。黒から白へのグラデーションの背景の上に灰色の明るさの円盤が２つ乗っているとする。灰色の明るさは物理的には同一であるにもかかわらず，黒い背景に置かれた円盤は白っぽく見え，白い背景に置かれた円盤は黒っぽく見える。これは明るさの対比と呼ばれる。同様の現象は，視覚については色，大きさ，運動，傾き，奥行きなどの幅広い属性で生じ，類似した知覚現象は聴覚や触覚でも生じる。対比現象は，一般化した形でいえば，知覚処理プロセスにおいて，ある部分の特徴の知覚がその周囲や時間的に前後の情報の影響を受ける，すなわち文脈効果の一種である。

このような，文脈による知覚の変化は何のためにあるのだろう。１つの考え方は，現実の三次元的環境から得られる感覚情報から，安定した形や色などの物体の属性を推定するためであるというものだ。回廊錯視とも呼ばれる，大きさの対比の例がある（Howard, 2012）。人や物体を透視図法で描かれた背景に置くとき，物体の視角を一定に保つと，位置によって見かけの大きさが変化する。このような錯覚が生じるのは，現実の三次元環境の中では二次元の網膜像自体を正しく知覚するというより，網膜像から安定した三次元的なシーンを知覚することを優先するためだろう。このような傾向のことを恒常性と呼ぶ。恒常性の種類には，大きさの他に色，明るさ，形などがある。

II　物体・シーンの知覚

視覚的な対象（物体）には色がついているだけでなく，空間的な構造をもつ二次元的パターンという側面もある。最初に，奥行きも運動もない比較的単純な二次元パターンを知覚するための基礎的事項について概説する。

1．視　　力

視力とは，空間的パターンの細かさを判別する能力，またはその測定値のことである。視力の測定に用いられるパターンにはランドルト環，バーニア線分，縞パターンなどがある。パターンは通常明るい背景に黒字で描かれ（すなわち高い輝度コントラストをもち），一定の距離から観察され，回答が得られるまで呈示され，固視される。この場合，視野の中心部（網膜上の中心窩）付近を使って見たときの視力を測定していることになる。ランドルト環で測定する場合には視角を分（′）で表した値の逆数となる。たとえば，ランドルト環の隙間の大きさが0.5′のときにCの向きが判別できる下限であれば，視力は 1/0.5 = 2.0 となる。明所視の場合視力は中心視で最も高く，視野の中心から遠ざかるにつれ低下する。これはある程度は錐体の密度減少によるものであると考えられている。視力はパターンの呈示時間によっても変化し，200 ms 程度まで短くしてもそれほど低下しないが，それより短いと急激に低下する（日本視覚学会，2000）。

視力は年齢を含めさまざまな要因で変化する。縞パターンを用いて視力を測定した研究によれば，幼児期は少なくとも1～2歳頃までは向上する。高齢になると，調節能力の低下，白内障による水晶体の濁り，網膜の変性などで低下する場合もある。他にも視力が低下する原因は多く，代表的なものに，近視，遠視，乱視などの眼光学的な要因が挙げられる。緑内障に伴う視神経の障害，または大脳皮質の損傷による視覚障害などによっても視力は低下することはありうる。

視力はパターンの細かさを判別する能力の指標であり，それより大きなパターンに対する知覚特性を必ずしも反映するものではない。大きなパターンの知覚能力を定量化するためには，パターンの大きさや空間周波数を変化させ，コントラスト感度関数などを測定することが必要となる。輝度で定義された通常のパターンではなく，両眼網膜像差で定義されたパターンを用いて測る視力は，立体視力と呼ばれる。臨床検査を目的として，立体視力を測定するためのさまざまな検査図形が市販されている。

2．形の知覚

①群化の法則

小さい頃に，壁や床にある幾何学的な模様のタイルを見て，思い通りのまとまりを作って遊んだことがある人も多いだろう。タイルは四角だったり丸だったりひし形だったりする。見る側のまとめ方によって，同じ模様がいろいろな組み合わせをもつ。要素をまとめるこのような働きは，私たちが形を認識するときのとても基本的な働きである。20世紀前半に活躍したゲシュタルト心理学者は，要素をまとめて知覚する働きを「知覚的体制化」と名づけて，数多くの研究を行った。おもには，点や線分を要素として視覚パターンを描き，どのようにまとまって見えるかが検討された。そして，要素のまとまり方についての一定の傾向性を「ゲシュタルト原理」または「群化の法則」と呼んだ。

群化の法則では，近接，類同，共通運命，並行，対称，よい連続，閉合の要因などが知られている。たとえば，近接の要因では互いに近い要素同士がまとまる。

類同は似た要素同士，共通運命は同じように動く要素がまとまる。並行は曲がった道のように同じ幅で描かれた要素，対称は左右対称な要素，よい連続は一直線をなす要素，閉合は閉じた図形を構成する要素がまとまる。他には過去経験の要因なども，ゲシュタルト心理学者によって指摘されている。

ゲシュタルト心理学者の洞察の中で重要なものに「全体は部分の和とは異なる」というものがある。ゲシュタルト心理学者が好んで使ったのは透明視という知覚現象だ。異なる明るさの領域の並べ方を変えるだけで，もとの図形からは感じられない，重なりをもつ，透明感のある面が知覚される。要素としてはすべて不透明であるのに，組み合わせ方によって全体としては新たなものがつけ加わることがはっきりわかる。

一般には，ゲシュタルト崩壊という言葉がよく知られている。ゲシュタルトとはドイツ語で形態という意味である。この現象は，文字などの模様を数十秒注視して順応すると，その文字の読み方や意味がわからなくなるというものだ。ゲシュタルト崩壊とは「形の崩壊」となり，まさに名前が示す現象そのものである。漢字などの文字は通常，偏（へん）や旁（つくり）などの部分からできている。これらの部分のまとまりには特定の意味や読みが対応しており，文字を見るとその意味や読みが自動的に意識に上る。しかし，第２章で述べたような順応がパターンに対して生じると，まとまりが「解除」されてしまい，文字の意味や読みとの結びつきが薄れてしまうということになる。

②図と地の分離

形を知覚するという主観的な体験を深く掘り下げて最初に研究したのも，ゲシュタルト心理学者であった。彼らは，形が見えるということは，図になりやすい要因が働いた結果であると考えた。画像のうちの一部が，丸や四角などの「形」をもって見えるときは，それは図に見えると表現される。その周囲は地と呼ばれる背景になり，図より遠くにあるように感じられ，図の背後で連続し，「形」をもたない部分として知覚される。地の外側の境界は，主観的な体験としては明確な輪郭はなく，どこまでも続くような印象をもつ。それに対し，図ははっきりとした境界や輪郭が感じられ，いわば「目立つ」状態にある。どのような配置のときに図になりやすいかという要因もまた，ゲシュタルト心理学者によって列挙され，整理されている。図になりやすい要因を拮抗させて作成したパターンを図地反転図形と呼ぶ。地として見えやすいような配置を考えることで，すぐには気づきにくい対象を埋め込むことも可能になる。

3．顔の認識

日常の場面で，複数の要素がまとまって単一の対象が知覚される代表例は顔の認識である。顔の認識の重要性は，対人コミュニケーションの場面で明らかである。目，鼻，口，輪郭，眉，しわなどの要素の形状は個人によって異なり，さらにその配置も異なる。このようなわずかな違いをもとに，人物を同定することができる。同様に，個人の性別，人種，年齢，魅力などの判断も可能である。さらには，顔の要素の形状とその組み合わせに基づいて，表情に基づく６つの基本感情を含む多様な感情の判断が可能である。このような表情判断には，要素の形状だけではなく全体的な処理が関わっていることが，倒立顔（逆さまにした顔）の認識の研究などから明らかになっている。その代表例は，倒立顔では情動の判断が困難になることを示すサッチャー錯視である。顔の脳内情報処理を調べる研究も数多く行われている。

4．物体認識のモデル

日常場面において三次元物体を同定し識別するためには，個人が記憶している内容（表象）と照合することが必要である。マー Marr, D. は，そのような情報処理は大きさ，長さ，相対的位置が異なる一般化円錐を組み合わせることによる三次元表現を用いることで可能となると主張した。ビーダーマン Biederman, I. はこの考え方を発展させ，ジオンと呼ぶ形態的要素の組み合わせによって，三次元物体をどのように表現し，記憶と照合しているかのモデルとしてジオン理論を提案している。また，内的な表象が二次元的な光景（シーン）の表現であるか，それとも三次元的な表現であるかという議論も続いている。

Ⅲ　奥行きの知覚

1．両眼視

両眼視とは，左右眼に映る２つの網膜像から単一の光景を知覚するプロセスや状況のことである（Howard et al., 2012）。空間の知覚は両眼視にかなり依存している。状況としての両眼視と対立するのは単眼視であり，片方の眼を閉じたり覆ったりして光景を見ている状況を意味する。単一の光景とは，知覚的に両眼融合している場合だけではなく，視野闘争（大きく異なる画像を両眼に呈示した場合に片眼から見た像の交代が知覚されること）が生じたり，複視（両眼の像の重なりが知覚されること）が生じる場合も含まれる。

シーンに含まれる視野中の物体は，特定の方向に定位して知覚される。両眼で注視した物体の位置は，それぞれの眼から見た位置のおおむね平均の方向に位置するように知覚される。これはヘリングの法則として一般的に知られているものから予測される結果である（中溝，2003）。知覚される物体は観察者から特定の距離に位置するように知覚される。これは両眼網膜像差およびその他の奥行き手がかりの統合によるものである。左右眼に映る像の違いに基づいて距離や奥行きを知覚するプロセスは，両眼立体視と呼ばれる。

両眼視の処理メカニズムを実験的に調べるためには，左右眼の網膜像に独立した入力を与えることができるステレオスコープなどによる両眼分離呈示が必要となる（日本視覚学会，2000）。両眼分離呈示が最もよく用いられてきたのは，両眼網膜像差に基づく立体視の研究である。両眼分離呈示は，意識を含めた他の心的プロセスを調べるためにも用いられる。

2．立体視と大きさ知覚

立体視とは，視覚的に鮮明な奥行きを三次元的に知覚するプロセスである。両眼視とともに立体視は，空間の知覚を支える基礎的なプロセスである。奥行きの知覚が生じるのは，視覚系がさまざまな手がかりを処理しているからである。手がかりには，両眼網膜像差，運動手かがり，絵画的手がかり，調節手がかりなど，さらにそれらの組み合わせがある。広い意味での立体視はこれらの手がかりのいずれかに基づく。狭い意味での立体視は，両眼網膜像差または両眼視に基づくもので，たんに立体視というときには両眼立体視を指すことも多い。両眼網膜像差を作り出す像は日常場面では現実の三次元場面を観察するときに得られる。人工的に両眼網膜像差を作り出すことも可能であり，その場合にはステレオスコープなどの専用の画像呈示装置が必要となる。両眼立体視の手がかりは両眼網膜像差だけではなく，両眼間非対応特徴，両眼間速度差などもある。網膜像差は視角で最大でも±２～3°程度が奥行き知覚を生じさせる限界である。

網膜像を一定に保ったまま輻輳（ふくそう）角（両眼が注視する角度）を変化させた場合，両眼立体視で知覚される奥行きの量は大きく変化する。同一の像差量であっても輻輳角が小さい方が，つまり観察距離が長い方が見かけの奥行きは大きくなる。これは奥行きのスケーリングと呼ばれる視覚メカニズムである。距離が異なると，網膜像の大きさが同一でも見かけの大きさが変化する。これはエンメルトの法則と呼ばれる。この法則によれば，対象の網膜像の大きさが一定のとき，対象は，その対象までの見かけの距離に比例して大きく知覚される。

両眼立体視は個人差が大きく，融合しても明確な奥行きが見えない人も少なくない割合で存在する（相田ら，2012）。このような人はステレオアノマリーと呼ばれる。

Ⅳ　運動の知覚

1．運動の知覚と仮現運動

私たちは，映像から明らかな動きの印象を得ることができる。動きの視覚印象（運動知覚，運動視）で本質的なことは，視覚システムは時間的に変化する要素の間で対応づけを行って，その解釈を半ば「自動的に」行っているという点である。

時間をまたぐ対応づけが運動を見る働きの本質であることを明快に示すのが，仮現運動と呼ばれる現象である。一番簡単な形式では，静止した２つのフレームを時間的に入れ替えることによって実現できる。いわゆる，パラパラマンガである。運動視の場合，近い要素同士を対応させて見る働きがある（群化の法則でいえば，近接の要因である）。これは最近傍対応の原理と呼ばれる運動知覚の原則の１つである。この働きは，多くの場合意識に上らず，自動的である。映画やアニメ，パソコンの画面は，静止画を連続的に呈示している。したがって，動画を見るときには必ず仮現運動が生じているともいえる。映画の場合には１秒間に 24 コマ，パソコンのディスプレイの場合には最低でも 60 フレームを次々と高速に書き換えて表示している。以下に，運動の知覚に関連する現象をいくつか紹介する。

①ワゴンホイール錯視

最近傍対応の原理が関係しているものに，動画の中で回転している車のタイヤが，逆回転して見えるワゴンホイール錯視がある。逆回転するのは回転軸から伸びるスポークと呼ばれる棒で，外側のタイヤの輪を支えている。回転するタイヤを撮影して何枚もの静止画を作成すると，回転速度によっては，１本のスポークの移動量が増えて，１つ後ろのスポークと最近傍対応してしまう場合が生じる。これは車のホイールだけではなく，ヘリコプターのローターのような，繰り返しをもつ模様が高速に動くときに生じることがある。

②運動残効・動きの錯視

運動が見えるというのは主観的な現象である。このことを別の点から示すものに，止まっているものが動いて見える，という知覚現象がある。一例は運動残効で，特定の運動パターンを見続けた後に静止したパターンを見ると，見続けた刺激とは逆方向に動いて見えるという知覚現象である。これは私たちの視覚システムがもつ下位機構，ある方向の運動だけを専門に処理する機構が疲労して，正しい出力が出せない状態になっていると考えられる。

運動が主観的な現象であることを示す他の例は，静止画がそのまま動いて見える図形である。北岡（2010）はオリジナルの錯視図形をたくさん作成している。有名なのは「蛇の回転」と名づけられた，静止図形がじわっとぐるぐる回って見えるものだ。

③バーバーポール錯視

運動の錯覚には，止まっているものが動いて見えるだけではなくて，動きの向きが変化して見えるものもある。一番有名なのは，バーバーポール錯視である。床屋の前にある青，白，赤の斜めの縞模様が回転している装置で生じているものだ。実際には水平方向に回転しているが，連続していつまでも上昇を続けているように感じる。これは動きの方向の錯覚である。なぜこのような錯覚が生じるかについては，ポールと縞パターンが接するところにできる端点の移動方向を視覚システムが重視して処理しているからであるという説明がある。

２．運動による形の知覚

丸や四角は，視覚的な形としてわかりやすい。白い紙の上に黒いペンで円を描く場面を想像しよう。黒い円という形は，白い背景とは「明るさ」に関して異なっている。形を定義できるのは，明るさだけではない。形は，視覚的な運動によっても定義できる。

①回転運動による奥行きの知覚

視覚的運動から，形や奥行きを見るという能力が人間に備わっていることを示す例として，運動からの構造復元と呼ばれるものがある（日本視覚学会，2000)。考案した研究者の名をとって，ウルマンの円筒とも呼ばれる。ランダムな位置に配置した点を，一貫した方法で規則的に動かすと，立体感のある物体が知覚される。ウルマンの円筒で面白いのは，奥行きの方向が，見方によって反転するという点だ。この現象では円筒の回転方向が，突如逆になって見える。バレリーナが回って見える影絵，シルエット錯視またはスピンダンサー錯視（Troje et al., 2010）はこの原理の応用である。

②オプティックフローと運動視差

視覚的運動から形を知覚するときに，奥行きの量と方向が決まる例はいくつか知られていて，それは運動による空間の知覚とも関係が深い。運動による空間の知覚は，おもにオプティックフローと運動視差による。オプティックフローとは，一方向の移動時に得られる放射状の全体的な運動パターンである。運動視差とは，水平方向に移動するパターンに頭や眼を同期させて動かすと，奥行きをもつ形状が知覚されるものだ。運動からの構造復元と違うのは，奥行きの量の知覚に加えて，奥行きの方向が頭や眼の動きの向きによって決まるという点である。近年の研究では，対象を眼で追従するときの眼球の回転速度に関する信号が奥行きの方向を決めるために使われていると指摘されている（Mitsudo et al., 2007）。

③バイオロジカル・モーションの知覚と自閉症

視覚的運動から対象の形が知覚される別の例として，バイオロジカル・モーション（生物学的運動）がある。止まっている点だけだと何かはわからないが，動き出すと，人などの動物であるということがわかる映像である。これはヨハンソン（Johansson, 1973）によって開発された方法で，明るさや色による形の手がかりを排除するために，人の主要な関節に光点をつけて暗闇で撮影した映像が使われた。このような例から，純粋に視覚的な運動の情報だけから，形を認識する能力を私たちは有していることがわかる。

このような運動を知覚する能力は，特定の種類の障害と関係している可能性が指摘されている。他者と関わることが苦手な，自閉症という障害がある。たとえば人と見つめ合うことが苦手だったり，言語的なやりとりが苦手という障害である。そのような人を対象としてバイオロジカル・モーションの映像を見せると，自閉症児はその形を認識しづらいことを示す実験結果がある。ブレイクら（Blake et al., 2003）は，定型発達児，つまり特定の障害がない児童と，自閉症児にバイオロジカル・モーションを見せて，それに基づく形の認識成績を比較した。ブレイクらは，バイオロジカル・モーションだけではなく，明るさで定義された要素から構成される，動いていない線画の物体の形を知覚する能力の測定も行った。そうすると自閉症児と定型発達児は線画によって物体の形を認識する能力には差は見られなかった一方，自閉症児がバイオロジカル・モーションを知覚する能力は定型発達児より低いことがわかった。したがって自閉症が他者と関わることが苦手なのは，視覚的運動の情報の一部を正しく処理できないことが関係している可能性がある。後続の研究では，機能的磁気共鳴画像法（fMRI）を用いた検討もされている（Freitag et al., 2008）。

◆学習チェック
- □　眼の構造と網膜の役割について理解した。
- □　明るさと色についての基本的概念を理解した。
- □　物体・シーンについての基本概念について理解した。
- □　空間の知覚，奥行きと運動についての重要概念と現象を理解した。

より深めるための推薦図書

箱田裕司・都築誉史・川畑秀明ら（2010）認知心理学．有斐閣．

日本認知心理学会編（2013）認知心理学ハンドブック．有斐閣．

大山正（1994）色彩心理学入門．中央公論社．

Palmer, S. E.（1999）*Vision Science*. MIT Press.

篠森敬三編（2007）視覚Ⅰ．朝倉書店．

塩入諭編（2007）視覚Ⅱ．朝倉書店．

文　　献

相田紗織・下野孝一（2012）立体視アノマリー研究小史—立体視の下位機構，両眼性課題の成績，立体視アノマリーの分布．心理学評論，55; 264-283.

Blake, R., Turner, L. M., Smoski, M. J. et al.（2003）Visual recognition of biological motion is impaired in children with autism. *Psychological Science*, 14; 151-157.

Freitag, C. M., Konrad, C., Haberlen, M. et al.（2008）Perception of biological motion in autism spectrum disorders. *Neuropsychologia*, 46; 1480-1494.

Gegenfurtner, K. R. & Sharpe, L. T. (Eds.)（2003）*Color Vision*. Cambridge University Press.

Howard, I. P.（2012）*Perceiving in Depth, Vol 3. Other Mechanisms of Depth Perception*. Oxford University Press.

Howard, I. P. & Rogers, B. J.（2012）*Perceiving in Depth, Vol. 2. Stereoscopic Vision*. Oxford University Press.

Jameson, K. A., Highnote, S. M. & Wasserman, L. M. (2001) Richer color experience in observers with multiple photopigment opsin genes. *Psychonomic Bulletin & Review*, 8; 244-261.

Johansson, G. (1973) Visual perception of biological motion and a model for its analysis. *Perception & Psychophysics*, 14; 201-211.

北岡明佳（2010）錯視入門．朝倉書店．

Mitsudo, H. & Ono, H. (2007) Additivity of retinal and pursuit velocity in the perceptions of depth and rigidity from object-produced motion parallax. *Perception*, 36; 125-134.

中溝幸夫（2003）視覚迷宮．ブレーン出版．

日本視覚学会編（2000）視覚情報処理ハンドブック．朝倉書店．

大山正（1994）色彩心理学入門．中央公論社．
Troje, N. F. & McAdam, M.（2010）The viewing-from-above bias and the silhouette illusion. *i-Pperception*, 1; 143-148.

第4章

聴知覚

上田和夫

Keywords　波形，スペクトル，フィルター，時間と周波数の二律背反，フォルマント，周波数分析，臨界帯域，等価矩形帯域幅，発火率・場所符号化，時間符号化，（音の）大きさの等感曲線，補充現象，ソーン尺度，マスキング，欠落した基本音の高さ，周期性，音の高さの二面性，両耳間時間差，両耳間音圧差，先行音効果，概念，記号，振幅包絡，音素，聴覚情景分析，音事象，音脈

I　はじめに

我々が生きていくうえで，聴覚が重要な役割を果たしている場面は多い。たとえば，道を歩いていて，後ろから自動車が近づいてきたことに気づくのは，まず，自動車のエンジンの音や，タイヤが路面と接する音などの，音の手がかりであることが多く，排気ガスの臭いに気づいて，あるいは自動車の振動を足の裏で感じて，すぐに後ろを振り向くということはまずないであろう。

我々の感覚は，用いる刺激の物理的性質によって，その特性が異なっている。光を利用する視覚は，眼球が向いていない方向や，遮蔽物の向こう側がどうなっているのかを知らせることはできないが，空気を伝わる音波を利用する聴覚なら，「何か」がそこにあることを知らせることが可能である。一方で，色の区別は聴覚ではできない。このように，我々の知覚は性質の異なる刺激を同時に受け入れることによって，さまざまな環境において，できるだけ多くの情報を素早く外界から得ようとしていると捉えることができる。もちろん，聴覚の果たす役割には外界の状況を知り，異変を検出する以外にも，音声によるコミュニケーションや音楽知覚といった，別の重要な側面もあるが，いずれも音の物理的な特性をうまく利用したものであることには変わりがない。したがって，聴覚についてよりよく知るためには，まず，音の物理的な性質を知っておく必要がある。

II　音の性質

1．波形とスペクトルの対応

「音」を物理的に定義するならば，媒質を伝わる圧力変化である。主として地球の大気圏内で生活するヒトにとっては，音とは通常，空気中を伝わる圧力，すなわち音圧の変化を指す。空気は地球の引力によって引き寄せられているため，何も音がない状態でも一定の圧力をもっている。これを大気圧（または静圧）と呼ぶ。大気圧（静圧）を基準（ゼロ）として，気圧が正負に変動することで音ができるともいえる。気体分子の動きとしてみれば，音源の振動により生じた圧力変化が，音源付近に存在する気体分子の微小な動きとして伝わり，その動きが玉突きのように，隣り合う気体分子に次々に伝わることによって音が伝搬していく。

さまざまな音の中でも，物理的に最も単純に記述できる音は純音である。純音の（時間）波形（空間内のある一点における音圧の時間的変化）とスペクトル（音に含まれる周波数成分と各成分の強さとを表示したグラフ）の例を図1Aに示す。純音は，振幅（ここでは大気圧と音圧のピークとの差を指すが，音圧の二乗平均値すなわち実効値を指す場合も多い），周波数（1秒あたりに同じ波形が繰り返される回数），および位相（ある時点で1周期の中のどの段階にあるか）で表すことができ，ただ1つの周波数成分をもつ[注1)]。音叉を軽く叩いたとき，打撃後に残る澄んだ音は，純音に近い。

しかし，我々が日常，耳にする音の多くは，純音ではない。ヒトの声，動物の鳴き声，楽器の音，波の音，木々の葉擦れの音などには多くの周波数成分が含まれており，しかもそれらが時間的にどんどん変化していることが普通である。その一方で，どんなに複雑な波形であっても，複数の異なる正弦波（純音）を足し合わせたものとして表現することができる（複雑な波形を正弦波の和に分解する分析をフーリエ分析と呼ぶ）。これらの複数の周波数成分からなる音を総称して複合音と呼ぶ。複合音の中でも，明確な周期をもち，基本周波数（音全体の周期に対応する周波数）の整数倍の成分のみをもつ音を調波複合音と呼ぶ（図1B）。ヒ

注1）　純音は三角関数を用いて，次のように記述できる。

$x(t) = A \sin(\omega t + \phi)$

ここで，$x(t)$は時間tにおける音圧，Aは振幅（ここでは大気圧と音圧のピークとの差）を表す。ωは$2\pi f$（fは周波数であり周期Tの逆数，すなわち$1/T$であるので，$2\pi f$は弧度法で表した角速度θ/tになる）を置き換えたものであるので，ωtは角度θと等しい。$\omega t + \phi$を位相と呼び，ϕは初期位相を表す。図1Aの例では初期位相は0である。

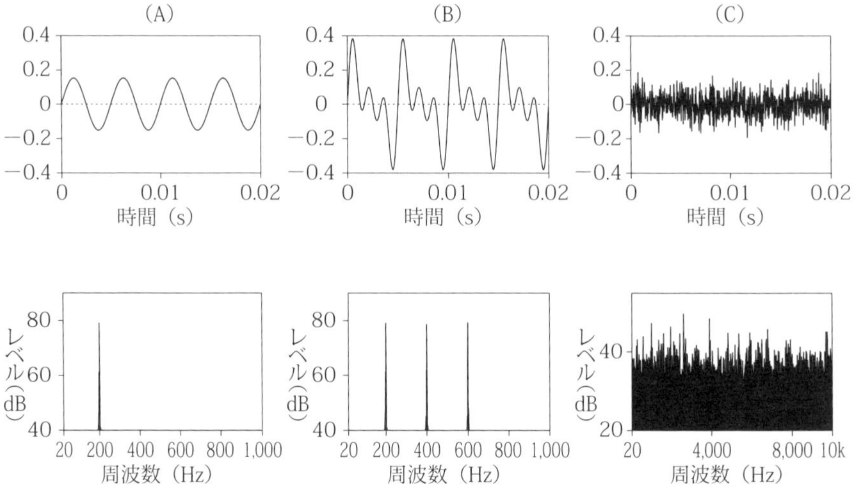

図１　（時間）波形（上段）とスペクトル（下段）の例

注）　A：周波数 200 Hz（周期は 5 ms）の純音。B：基本周波数 200 Hz で，基本周波数成分と同じ強さの第２倍音（400 Hz），第３倍音（600 Hz）までの成分を含む調波複合音。この例では，いずれの成分も初期位相を０として合成している。C：白色雑音。信号発生器（Agilent, 33220A）の白色雑音出力を録音，分析した。

トの音声の母音部分や楽器音の定常的な部分は，調波複合音に近い場合が多い。そして，強さが同じで位相の関係がランダムな無数の周波数成分からなる音は，白色雑音となる[注2]（図 1C）。激しい雨音や，滝の音のようにザーザーと聞こえる音は白色雑音に近い。

２．音圧レベル

音の強さ（単位面積を毎秒，通過する音のエネルギー）を表すための尺度として，デシベル（dB）を用いる。デシベルとは，対象となる音の強さと基準となる強さとの比の対数をとって 10 倍したものである[注3]。ヒトが聞くことのできる音の強さの範囲は，最も強い音が最も弱い音の約 10^{12} = 1,000,000,000,000 倍にもなるので，数字の桁数を減らし，扱いやすくするため，10 を底とする対数を

注２）　無数の周波数成分が同じ強さで存在し，かつ，成分の初期位相が同じ場合には，単一のパルスとなる。

注３）　数式で表せば，

$$L = 10 \log_{10} I/I_0$$

L はデシベル表示された音の強さのレベル，I は測定対象となる音の強さ，I_0 は基準となる強さである。

用いてこのように定義されている。対数を用いることにより，音の強さが10倍（つまり10^1倍）になれば比の対数は1，100倍になれば（100は10の10倍，つまり10^2倍なので）2，……というように桁数を減らすことができ，デシベルではこれらを10倍して10 dB，20 dB，……と表すことになる。ちなみに，音の強さが2倍になると（2の対数は0.301……になるので），約3 dBということになる。

音の強さは音圧（P）の実効値の二乗に比例するので，P_0を基準音圧とすると，音の強さの比の代わりに音圧の二乗P^2と基準音圧の二乗$P_0{}^2$との比を求めて対数をとり，10倍してもよいことになる。さらに対数の性質から，これは音圧Pと基準音圧P_0の比を求めて対数をとり，20倍することと等しい[注4)]。基準音圧を20 μPa（音の強さでは10^{-12} W/m^2）と定義したものを音圧レベル（sound pressure level：SPL）と呼び，dBの後にSPLを付けて，60 dB SPLのように書く。この場合，0 dB SPLは1 kHzにおける聴覚の絶対閾に近い値となる。音圧レベルで表せば，ヒトが聞くことのできる最も強い音は120 dB SPL程度となる。

3．フィルターと共鳴——時間と周波数の不確定性

白色雑音でも，調波複合音でも，フィルターを通すことによって，スペクトルの形（スペクトル包絡）を変化させることができる。フィルターの特性は，遮断周波数（フィルターの応答が3 dB低下した位置の周波数で定義する場合が多い）と減衰傾度（オクターブあたり何dBの傾斜で応答が減衰するか）で記述することが基本であり，帯域通過フィルターの場合は通過帯域幅（周波数で記述する場合も，オクターブ単位で記述する場合もある）と中心周波数がこれに加わる（図2）。

フィルターは共鳴器と見なすことができる。共鳴器には，特定の周波数の音をよく通すと同時に長引かせる作用（この現象をリンギングと呼ぶ），すなわち時間的な応答を悪くする作用もある。フィルターの周波数特性が鋭ければ鋭いほど，時間的な応答は悪くなる。逆に，時間的な応答をよくするには，周波数特性を鈍らせねばならない。このような関係を時間と周波数の二律背反（トレード・オフ）と呼ぶ。これは不確定性原理が時間と周波数との関係に表れたものであり，どんなに工夫しても逃れることはできない。

注4）　$L = 10\log_{10} P^2/P_0{}^2 = 20\log_{10} P/P_0$

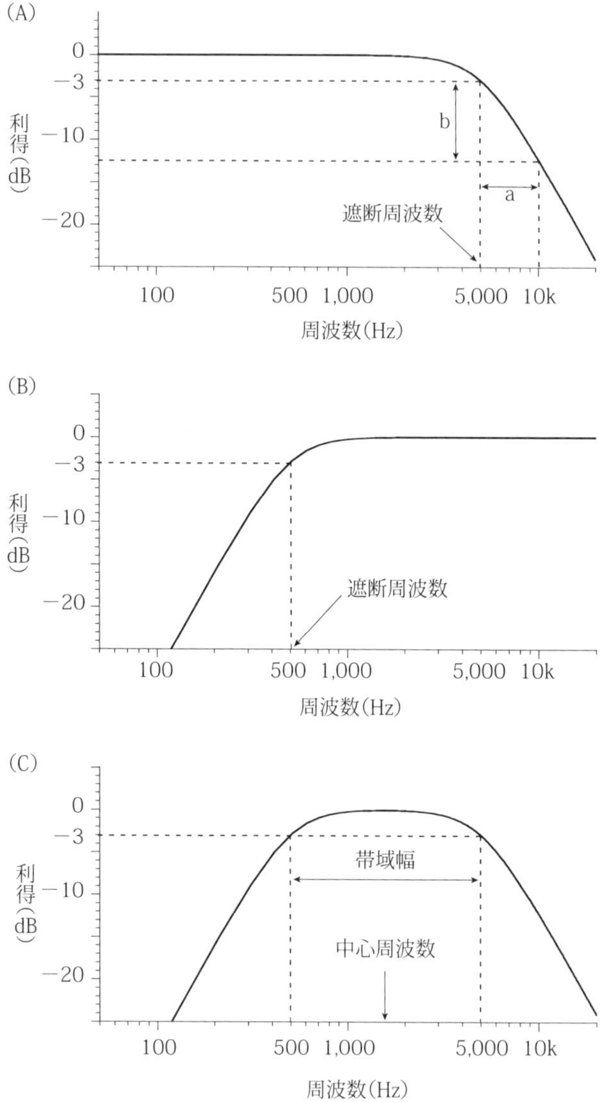

図 2　A：低域通過フィルター，B：高域通過フィルター，C：帯域通過フィルターの周波数特性の例（上田，2019 を改変）

注）b/a により減衰傾度を求めることができる。A, B のフィルターを直列に接続して C の特性を作ることができる。

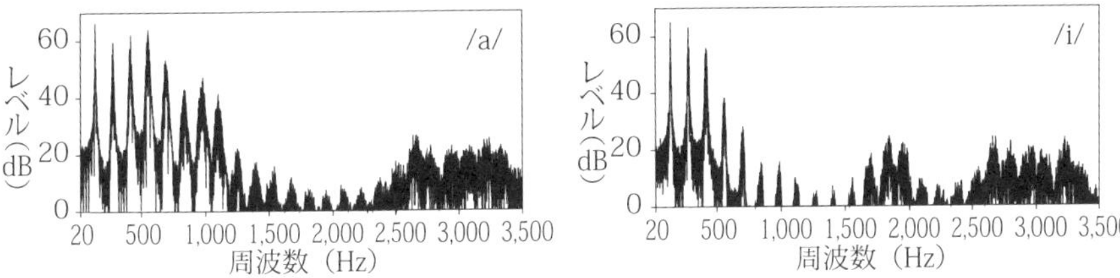

図３　男性話者が発話した母音 /a/（左）と /i/（右）の定常部のスペクトルの例

注）/a/ では，500 Hz 付近に第１フォルマントが，900 Hz 付近に第２フォルマントが見えるのに対して，/i/ では 300 Hz 付近に第１フォルマント，1,800 Hz 付近に第２フォルマントが見える。

４．音声とフィルター，スペクトル，音色

ヒトの発する音声も，フィルターと関係が深い。ヒトの音声のうち，母音の音源は，肺から送られた空気が，声帯（一対の粘膜）を通過するときに声帯を周期的に開閉させることによって生じた音である。この音が，声道と呼ばれる声の通り道を通るときに，その共鳴特性（声道特性）によってスペクトル包絡を変えられ，口唇から放射されるという仕組みで母音が生み出されると考えることができる。このような考え方を，音源・フィルター理論と呼ぶ。なお，声道の共鳴特性によって生じるスペクトルの山をフォルマントと呼び，山の頂点の周波数が低いものから順に第１フォルマント，第２フォルマント，……と呼ぶ。

母音のスペクトルを観察すると，たしかに，発話された母音の種類によってスペクトル包絡（スペクトルの概形）の形が変わる。すなわち，声道の共鳴特性の変化を反映し，フォルマントの位置が変わる（図３)。「音の高さと大きさに違いがないにもかかわらず，音を区別できる性質」を「音色」と呼ぶので，音声の母音の違いも音色の違いと考えることができ，その違いはおもにスペクトル包絡の違いによると考えられる。ただし，一般に音色の知覚には，上記に加えて音の立ち上がり部分の形状も大きく影響する。

III　聴覚の仕組み

専門用語としての耳と呼ばれる部分は，聴覚の末梢であり，物理的刺激としての音を受け取り，生理的な神経符号に変換する仕組みまでを指す（図４)。聴覚末梢には次の３つの区分があり，耳介から鼓膜までを外耳，鼓膜から蝸牛の手前ま

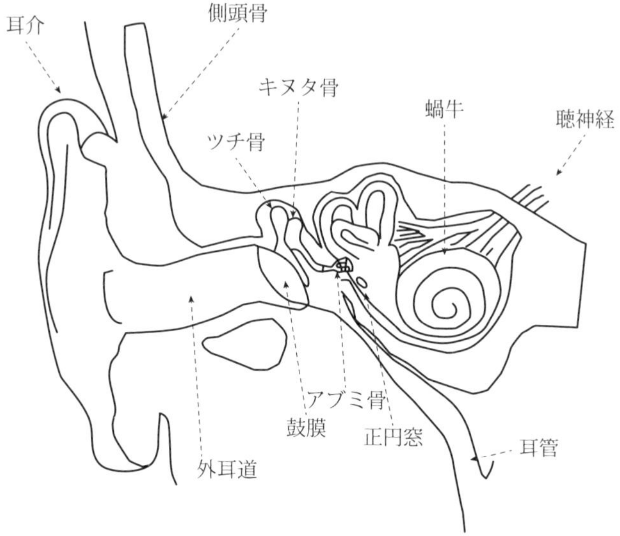

図４　聴覚末梢―外耳，中耳，内耳（Schnupp et al., 2011 を改変）

でを中耳，蝸牛を含む部分を内耳と呼ぶ。外耳のうち耳介は，その複雑な形状により音の到来方向による共鳴特性の違いから，音に方向知覚に役立つ手がかりをつけ加える。中耳は，空気を通して鼓膜に伝えられた圧力変化を，リンパ液で満たされた蝸牛に効率よく伝えるためのインピーダンス変換器の役割をもつ。物理的振動を，脳が受け取れる神経符号に変換する仕組みは，内耳の蝸牛の中に含まれている（図４）。聴覚の成立には，神経符号を脳で処理する必要があるが，すべての聴覚入力が影響を受ける聴覚末梢の働きは重要である。

１．聴覚末梢における周波数分析――蝸牛，基底膜，進行波

鼓膜の振動は，耳小骨を通じて，蝸牛内のリンパ液に伝えられる。蝸牛内の構造を模式的に表すには，らせん状の構造をまっすぐに引き延ばしても本質に影響しないので，図５のように表せる。すなわち，骨のような硬い組織でできた円錐状の殻の中がリンパ液で満たされ，その中に基底膜が張られた構造となっている。アブミ骨から加えられた圧力は，最終的には正円窓の膜から抜ける仕組みになっている。基底膜の幅と厚みは一様ではなく，蝸牛のアブミ骨側（基底部）では幅が狭く，厚くなっているが，蝸牛の先端部（蝸牛頂）に向かって，しだいに幅が広がり，薄くなっている。このことと，アブミ骨から離れるに従って，振動が伝わるべきリンパ液の体積が増大することとの兼ね合いで，基底膜の場所によって，

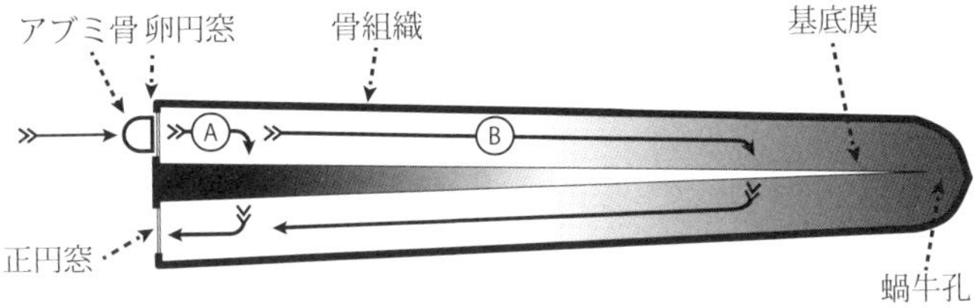

図 5　蝸牛，リンパ液，基底膜の模式図（Schnupp et al., 2011 を改変）

振動しやすい周波数が異なることになる。すなわち，アブミ骨付近では，高い周波数の入力により少量のリンパ液（慣性小）と硬くて幅の狭い基底膜（剛性大）とが大きく動くため（図 5A），圧力はここで基底膜の反対側を通って正円窓から抜けていく。そのため，基底膜の振動はそれより先（図の右方向）へは進まない。しかし，低い周波数の入力は，より多量のリンパ液（慣性大）を動かして蝸牛の奥の方（蝸牛頂側）まで振動を伝え，そこでより柔らかく，幅の広い基底膜（剛性小）を大きく動かして反対側に圧力を逃がすことになる（図 5B）。

基底膜上の特定の位置で最も振幅の大きくなる周波数を最良周波数と呼び，とくに閾値における最良周波数を特徴周波数と呼ぶ[注 5]。純音に対する基底膜の応答は，アブミ骨付近から徐々に振幅が大きくなり，最良周波数の位置で振幅が最大となり，そこを過ぎると急速に振動が減衰する。すなわち，基底膜の振動は進行波として生じ，どこまで波が進むのかは周波数によって異なる。複合音が入力された場合，基底膜上の位置により，おおまかに成分が分離されることになる。このことを指して，基底膜における周波数分析と呼ぶ。

2．周波数分析と臨界帯域，等価矩形帯域幅

基底膜上の位置によって特徴周波数が異なることから，基底膜を多数の帯域通過フィルターが並んだものと考え，中心周波数がアブミ骨側から蝸牛頂に向けて徐々に低下していくと見なすことができる。実際に，このような見方で聴覚末梢の周波数分析機能を表すことができることは，1938 年にフレッチャーによって示された（Fletcher, 1953）。

フレッチャーは，いくつかの周波数成分が互いに遠く離れているときには，それぞれの音の大きさが加算されて全体の大きさとなるが，周波数成分が互いに近いときには，音の強さを足し合わせたものの大きさが全体の大きさとなることを

注 5）刺激周波数が同じであっても，刺激強度が上がると振幅の頂点の位置がアブミ骨側に移動するので，閾値以外では最良周波数と特徴周波数とは一般に一致しない。

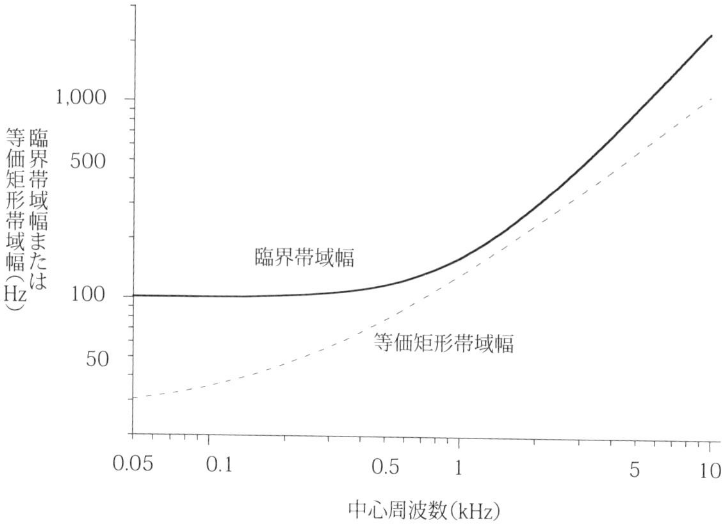

図6　臨界帯域幅と等価矩形帯域幅（上田，2019による）

発見した。さらに，純音の信号と，信号の周波数と同じ中心周波数をもつ帯域通過雑音をマスク音として用いて，信号のマスク閾と帯域通過雑音の帯域幅との関係を調べた。その結果，マスク音の帯域幅を徐々に増やしていくと，それにつれて信号のマスク閾が上昇するが，ある帯域幅を境に，マスク閾の上昇が頭打ちになることを見出した。このことは信号音の周辺の帯域に存在するマスク音のみが信号のマスク閾に影響することを意味すると考えられ，このような周波数帯域幅を臨界帯域幅と呼んだ。臨界帯域幅は，およそ500 Hz以下ではほぼ100 Hzで一定であるが，それ以上の周波数では周波数の15～20%程度の値となる（図6）。

臨界帯域の考え方は大変有用であり，後述するように音の大きさの予測など，実用的な面でもおおいに活用されている。一方で，この考え方は単純化されているために，聴覚末梢の実際の働き方とは少し違う点もある。まず，臨界帯域では矩形の，互いに重なり合わない帯域通過フィルターを考えるが，実際にはなだらかな，左右非対称な減衰傾度をもったものであるし，フィルターは互いに重なりをもつ。さらに，生きた蝸牛では外有毛細胞が能動性をもっており，弱い振動を増幅するが，この増幅作用は強い信号に対しては働かないため，信号の強弱によってフィルターの形が変化することになる（信号強度が閾値に近く，弱い方が，信号強度が強い場合に比べて鋭い形になる)。これらを考慮して精密に求めた帯域通過フィルターを「聴覚フィルター」と呼ぶ（Patterson et al., 1986)。そして，

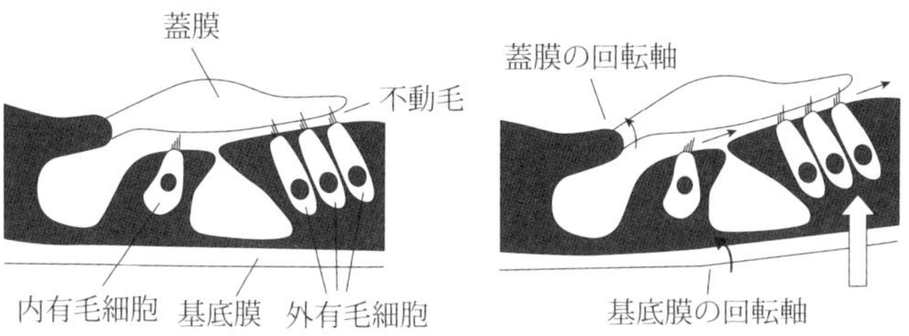

図 7　基底膜の動きによる有毛細胞の不動毛の屈曲（Plack, 2018 より作成）

1 つの聴覚フィルターを通過するのと等しいエネルギーを通す矩形のフィルター帯域幅を等価矩形帯域幅と呼ぶ。臨界帯域幅と等価矩形帯域幅とを比較すると，中程度の強さの音に対しては，500 Hz 以下の低い周波数において，ずれが大きくなるが，それ以上の周波数ではあまり大きな差は見られない（図 6）。

3．聴覚末梢における神経符号化の 2 様式――発火率・場所符号化と時間符号化

基底膜の動きは，図 7 に示すような蓋膜と基底膜とのずれ，およびリンパ液の水流によって，有毛細胞の不動毛が屈曲する動きを引き起こす。不動毛の屈曲により，有毛細胞から神経伝達物質が放出され，神経が発火する。このようになるのは，図 7 の右図に示された方向に基底膜が動いた場合のみである。したがって，入力波形の特定の位相で聴神経の発火が生じる確率が高くなる。この現象を位相固定と呼ぶ。聴神経は，2 種類ある有毛細胞のうち，内有毛細胞におもに接続している（Møller, 2013）。基底膜の動きが大きいほど，1 つの聴神経の興奮量（発火率）と興奮する聴神経の数とが増える。もう 1 種類の有毛細胞である外有毛細胞は，生体のエネルギーを使って細胞体を伸び縮みさせ，微弱な振動を増幅する機能をもっている。

刺激の周波数または周期の情報は，以下の 2 つの仕組みによって神経符号化される。第 1 に，聴神経の発火頻度と基底膜の場所とが結びついた符号化であり，発火率・場所符号化と呼ばれる。すなわち，発火率の大きな聴神経は，基底膜上の周波数分析の結果，その対応する基底膜の場所で大きな振動があることを示す。第 2 は，時間符号化と呼ばれる符号化である。位相固定の結果，聴神経の発火時間間隔を調べると，入力波形の周期の整数倍付近で発火頻度が高くなるようなヒストグラムが得られる。このように，刺激波形の周期の情報が時間情報として符号化されていると考えられている。

4．聴覚中枢

蝸牛を出た聴神経は，脳幹の蝸牛神経核に入る。ここで形態と機能の異なるさまざまなニューロン群によって並行的に分析が行われる。蝸牛神経核後腹側核からは両側の上オリーブ核に出力線維が伸び，そこで両耳からの情報が比較され，音の定位に関係する処理が行われる。内側上オリーブ核では両耳間時間差の検出が，外側上オリーブ核では両耳間音圧差の検出が行われた後，下丘に出力される。一方，蝸牛神経核背側核からは反対側の外側毛帯核と下丘へ出力線維が伸び，音の同定に関する処理が行われるので，下丘では，「どんな」音が「どこに」あるのかという情報が集められることになる。下丘からは内側膝状体を経て，聴覚皮質（一次聴覚野）に出力線維が伸びている。下丘から内側膝状体に接続する神経線維の数は約 250,000 で，聴神経の数の 10 倍にあたり，それだけ多様な分析が行われていることになる。蝸牛神経核でも，一次聴覚野でも，周波数の部位的構成（特徴周波数の順序に整然と並んだ構造）が見られる。一次聴覚野は 6 層からなる柱状構成でできており，他の感覚，言語，運動などの中枢とつながっている（Møller, 2013）。

Ⅳ　音の大きさ

音の大きさは，音圧との関係が深い。しかし，以下に見るように，音圧だけでは音の大きさを予測することはできない。音の大きさもまた，音圧以外にもさまざまな変数の影響を受ける心理量なのである。たとえば，音の大きさと聴取距離との関係について恒常性が成り立つとされる（Zahorik et al., 2001）。

1．音の大きさの等感曲線

刺激周波数などの条件が一定であれば，刺激の音圧が高いほど，音の大きさは大きく聞こえる。中程度の強さの変化範囲では，音の大きさの変化は，刺激強度のべき関数に従い，1 kHz 純音のべきの値は 0.3 となることが知られている。

しかし，音圧が等しくても，刺激の周波数が変われば，それだけで音の大きさは変わる。音の大きさの等感曲線（図 8）は，さまざまな周波数の純音が，1 kHz の純音の大きさと，等しい音の大きさに聞こえるときの音圧レベルを示したものである。同じ大きさに聞こえる 1 kHz の純音の音圧に，フォンという単位名をつけて音の大きさを表す。音の大きさの等感曲線の一番下の点線は刺激閾を表して

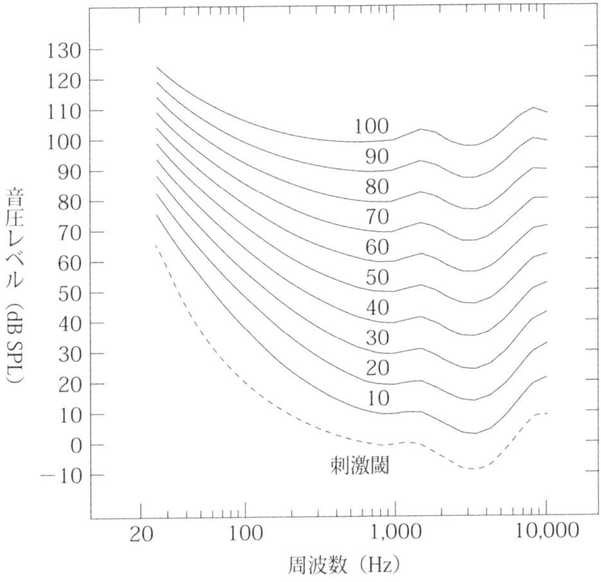

図8 音の大きさの等感曲線（Jesteadt et al., 2010 を改変）

いる。頭部による反射と外耳道の共鳴効果により 3.4 kHz 付近の感度が上昇すること，中耳の伝達特性により低域の感度が徐々に低下することなどにより，このような形状となる。

もう 1 つ，注目すべき点は，低域になるほど，等感曲線の間隔が詰まっていることである。このことは，低域では，音が聞こえるためには他の帯域よりも高い音圧を必要とするが，いったん音が聞こえ始めると，音圧の増加に伴って，音の大きさが急激に増大することを示している。このような現象は補充現象（リクルートメント現象）と呼ばれる。難聴は一般に，中耳までに問題がある場合（伝音性難聴）と，蝸牛以降に問題がある場合（感音性難聴）の 2 種類に大別されるが，感音性難聴のうち，とくに外有毛細胞の機能低下によって感度低下が生じている場合は，補充現象が伴うとされている。

2．ソーン尺度

物理的な音の強さと，心理的な音の大きさとの関係を示す尺度として，ソーン尺度がスティーブンス（Stevens et al., 1938）により提案された。ソーン尺度は，自由音場（音の反射のない音場）において，音圧レベル 40 dB の 1 kHz 純音の音の大きさを 1 ソーン（sone）と定義し，それ以外の音の大きさが 1 ソーンの何倍にあたるかを調べることにより定められたものである。すなわち，ソーン尺度は，比率尺度と見なせる。

3．マスキングおよびマスキングの非対称性

マスキングとは，ある音（マスク音またはマスカー）が存在することにより，別の音（信号）の大きさが減じたり，聞こえにくくなったりする現象を指す。同じ強さのマスク音を信号よりも低い周波数で呈示した方が，信号よりも高い周波数で呈示した場合よりも信号を聞こえにくくする力が強い。このことは，基底膜の振動パターンが進行波の形で基底側から蝸牛頂側に進んでいくことと，基底膜の最良周波数が基底膜からの距離が増すにつれ，高周波数から低周波数に変化することにより説明できる。

4．音の大きさと臨界帯域

帯域雑音の強さを一定に保ったまま，周波数範囲を徐々に広げていくと，臨界帯域を越えたところで，音の大きさが増加しはじめる。すなわち，物理的な音の強さが等しくても，異なる臨界帯域にまたがる音は，１つの臨界帯域内に周波数範囲が収まる音よりも大きく聞こえる。つまり，Ⅲ節２項にも述べたように，複数の臨界帯域にまたがる音の大きさは加算される。おおまかな近似としては，臨界帯域ごとに音の強さを加算してソーン尺度上の大きさを求め，これらを加算すれば，全体の大きさを予測できる。ただし，厳密には，周波数成分間のマスキングも考慮する必要がある。

Ⅴ　音の高さ

音の高さの感覚は，音の周期と関係が深い。また，複数の音が入り交じった状態では，それらを聞き分ける手がかりとしても重要である。音の周期に関する情報が重要であるもう１つの理由は，それが音の反射や減衰による影響を受けにくいため，音源に関する情報を遠くまで正確に伝えることができるという点にある。

音の周期の逆数は周波数であるので，高さの感覚を得るには周波数の情報を伝えればよく，周波数を神経符号化するには，基底膜の振動のピーク位置がどこかを，神経の興奮量で伝えればよいと考えるかもしれない（周波数・場所符号化）。しかし，話はそれほど単純ではない。通常，我々が耳にする音の大部分は複合音であり，基底膜の振動のピークは，比較的低い周波数では（基底膜上の周波数分

析により）複数生ずることになる。この中のどれがどのように高さの感覚と関係するのかは簡単には決められない。なぜなら，以下に述べるように，基本周波数の成分が欠落した調波複合音であっても，あるいは基底膜上で成分を分離できない，高い周波数の倍音のみからなる調波複合音であっても，「欠落した基本音」と同じ高さが知覚されるという現象が知られているためである。

1．欠落した基本音の高さ

仮に，調波複合音の音の高さが，基本周波数成分の高さで決定されるのだとしたら，基本周波数成分を除去した調波複合音の高さは，もとの調波複合音の高さとは違って聞こえるはずである。身近な例でいえば，固定電話回線は 300 Hz から 3,400 Hz の周波数範囲しか伝送できないが，ヒトの音声の有声部における平均基本周波数は成人男性で約 125 Hz，成人女性で約 225 Hz であるので（Raphael et al., 2011），電話を通して聞いた音声には基本周波数成分は含まれていないことになる。しかし，実際には，電話を通して聞いたからといって，声の高さが変わって聞こえるということは起こらない。このように，基本周波数成分が欠けてもほとんどの場合，音の高さは変わらず，基本音の高さに相当する高さが聞こえる[注6)]。すなわち，音の高さがどのようにして知覚されているのかを知るためには，基底膜上の周波数分析の様子を調べるだけでは不充分であり，聴覚神経から得られる情報を脳がどのように処理しているのかを調べなければならないことになる。

2．音の高さの二面性

ヒトが聴くことのできる音の周波数範囲は，およそ 20 Hz ～ 20 kHz であるが，この可聴域全域にわたって，同じように音の高さが知覚されるとは考えられていない。まず注目すべき事実は，旋律を知覚することのできる周波数範囲は，特殊な例を除いて，音を知覚することのできる周波数範囲よりも狭く，およそ 30 Hz 以上，5 kHz 以下の範囲に限られることである。また，音名や階名がオクターブごとに同じ名前で呼ばれることも注目すべきである。オクターブごとによく似た音の高さが繰り返して現れる，このような音の高さの側面は，トーン・クロマまたはピッチ・クラスと呼ばれている。一方，1 つの旋律の中にオクターブ，あるいはそれ以上の音程（2 つの音の高さの隔たりを指す）が含まれることもあるの

注6）　スペクトルが変化することにより，音色は変化するので音の違いを聞き分けることはできる。この例では電話を通して話しているということはわかる。

で，音の高さの中に，直線的に変化する側面もあると考える必要があり，こちらはトーン・ハイトまたはピッチ・ハイトと呼ばれている。音の高さを，循環的なトーン・クロマと直線的なトーン・ハイトとを組み合わせた螺旋で表現する試みが古くから行われており，実験参加者が音の高さを判断した結果を螺旋で表現できることも示されている（Ueda et al., 1987）。

また，前述のようにトーン・クロマが存在する範囲は 5 kHz 以下に限られるので，それ以上の周波数ではトーン・ハイトのみが存在すると考えている研究者もいれば，旋律が知覚される範囲だけを音の高さが知覚される範囲として捉えるべきだと主張している研究者もいる。我々が日常的に耳にする音声や音楽など，何らかの意味をもつ音の大半は，5 kHz 以下の範囲に主要な成分をもつものがほとんどであり，これらの音の高さには二面性があると考えてよい。

3．音の高さの知覚理論，モデル

欠落した基本音の高さがなぜ知覚されるのか，音の高さの二面性がなぜ生じるのか，などといった問題を説明するために，音の高さの知覚理論，あるいはモデルがいくつか提案されてきた。代表的なものとして，リックライダー Licklider, J. C. R. が提唱した二重理論，パターン認識モデルと呼ばれる一群のモデルなどがあるが，いずれも裏づけとなる生理的な機構が見つかっていない，実験事実と合わないなどの問題がある。

現在のところ，実験事実との整合性と生理的な裏づけに関して，比較的欠点が少ないと考えられるモデルは，ムーア（Moore, 2012）のモデルである。このモデルでは，聴覚末梢の周波数分析と，聴神経の発火時間間隔の分析とが組み合わせて用いられている。すなわち，低い周波数帯域では，周波数分析により成分が分離されたうえで発火時間間隔の分析が行われるが，高い周波数帯域ではいくつかの成分が分離されずに，基本周期（基本周波数の逆数）に対応する振幅包絡をもった波形に対して発火時間間隔の分析が行われる。これらの発火時間間隔の分析に基づいて，全体の周期が導き出される。たとえば基本音が欠落した調波複合音であっても，このような分析によって得られる全体の周期は，基本周期に対応したものとなる。

Ⅵ　音の方向知覚

音源の方向を知覚するためにヒトが利用できる手がかりにはいくつかある。その中で，最も重要とされているのは両耳の間に生じる何らかの違いを利用してできる手がかりであると考えられている。まず，問題を単純化するために，耳介の影響を無視した場合を考える。また，音源からは周波数と音圧が一定の純音が一定期間，鳴り続けている状態を考える。周囲からの反射による影響もないものとする。このような条件下では，それぞれの耳から音源までの距離が等しい場合，すなわち，正中面内に音源が存在する場合は，両耳にまったく同時に同じ音圧の音が到達することになる。両耳間に差がないことが，正中面内のどこかに音源があることの手がかりとなる。それ以外の場所に音源がある場合は，両耳間時間差と両耳間レベル差の2種類の手がかりが生じうる。

これらの手がかりを用いて，水平面内の純音音源の方向を弁別することができる。正面（0°）を基準とした弁別閾が最も鋭く，1,000 Hz付近なら1°以下，8,000 Hzで4°程度の違いが検出できるのに対して，正面から30°ずれた方向を基準とした弁別閾は，1,000 Hz付近で2°程度，8,000 Hzでは13°まで大きくなる。つまり，水平面内の純音音源の方向弁別には，周波数と，基準となる方向の両方が影響する。両耳間時間差は，音源が頭の真横にあるときに最大となり，最大0.65 msの時間差が生じる。

正中面に音源がある場合，現実には，耳介の複雑な形状によって，音が到来する角度によりスペクトル包絡に変化が生ずるため[注7)]，上下方向の違いをある程度，知覚することは可能である。また，自由に動くことができる場合は，頭の向きを変化させたり，体ごと移動することによって，方向知覚手がかりを積極的に得ることができ，より正確に音源の方向を知覚することが可能である。

建物の中で音を聞く場合には，音源から直接，耳に到達する直接音だけではなく，壁，床，天井などにいったんぶつかって，跳ね返ってきた反射音も耳に届くことになる。このような場合，反射音は直接音よりも長い経路を通って耳に到達することになるので，そのぶん，耳に到達するまでに時間がかかり，直接音との間で到達時間差が生じるとともに，音源の方向とは異なる方向から耳に到達することになる。しかし，知覚される音源の方向は，ほぼ，最初に到達した直接音によって決定され，反射音の到来方向は，音源の方向知覚にほとんど影響を及ぼさない。このような効果を，先行音効果と呼ぶ。

注7）この場合，スペクトル包絡に生ずる変化は，音色の変化としてではなく，上下方向の違いとして知覚される。

Ⅶ　音声知覚

1．音声コミュニケーションの言語学的枠組み

音声コミュニケーションの言語学的枠組みについて最初に記述したのは，スイスの言語学者，ド・ソシュール（de Saussure, 1916/1972）である。ド・ソシュールは，少なくとも2人の人間が向かい合って，同じ概念を同じ記号（聴覚イメージ）で，異なる概念を異なる記号で表し，音声と聴覚とを通じてやりとりできる記号の体系が，言語の本質であると述べた。後世の研究者によって，「音声の鎖」（speech chain）と称する枠組みが発表されたが（Denes et al., 1993），ド・ソシュールの枠組みとの違いは，発話者本人が自分の発した音声を自分の聴覚器官でモニターしながら発話を行う回路が組み込まれている点だけで，本質的な部分はド・ソシュールの枠組みと同じである。音声にはさまざまな変動が含まれるが，どのような変動が記号の違いと認識され，どのような変動がそのように認識されないのかは，同じ言語を使用する人々の間で共有された規則となっていることを，この枠組みは示している。

2．音声の冗長性

音声知覚の手がかりは，互いに相関のあるものが複数，同時に音声中に存在しているので，そのうちのいくつかが失われても支障なく音声を知覚することができる。このことを指して，「音声の冗長性」と呼ぶ。古典的な例としては，音声を低域通過フィルターや高域通過フィルターに通し，フィルターの遮断周波数によってどれだけ音声（単音節のリスト）の聞き取りが低下するかを調べた研究がある（French et al., 1947）。それによれば，低域通過フィルターの遮断周波数を1,930 Hzとして取り出した音声も，高域通過フィルターの遮断周波数を1,930 Hzとして取り出した音声も，正答率は68%となることがわかった。つまり，音声知覚において，「不可欠な周波数帯域」は存在しないことになる。

より聴覚の仕組みに即して考えるならば，聴覚末梢による周波数分析を出発点として，因子分析により，音声に含まれる知覚手がかりを抽出することが考えられる。すなわち，臨界帯域フィルターを用いて音声を分析し，フィルター出力（パワー変動）間の相関係数を変量とした因子分析を行うことができる。実際にこのような分析を，10名（男女各5名）または20名（男女各10名）の話者が発話した8言語または方言（英，米，独，仏，西，北京，広東，日）の58～200文

について求めたところ，言語間に共通する３因子（または４因子）が見出され，これらの因子によって音声の周波数帯域をおよそ540，1,700，3,300 Hzを境界とする４帯域に分割することができた（Ueda et al., 2017）。これらの因子と帯域は，音声知覚にとって実際に重要な役割を果たしていることが示されている（たとえばKishida et al., 2016; Ueda et al., 2018）。また，音声知覚には，周波数分解精度と共に，時間分解精度も重要である。モザイク音声（Nakajima et al., 2018）は，これら両面について調べるために開発され，今後，有力な研究の手段となるはずである。

Ⅷ　聴覚情景分析

我々が日常生活を送っている空間では，複数の音源から発せられた音が入り混じり，同時に耳に到達している状態が普通である。混じり合った音は，知覚における体制化の働きにより，いくつかのまとまりに分凝して知覚される。聴覚におけるこのような知覚的体制化の働きは，「聴覚情景分析」（Bregman, 1990）と呼ばれている。聴覚情景分析では，１つの音源が発した１回の音を「音事象」，同じ音源から発生したと見なされる複数の音事象の集まりを「音脈」と呼ぶ。たとえば，ドアを一度叩くことで１つの音事象が生じ，これが仮に３回，繰り返されたとすると，１つの音脈としてまとまることになる。

知覚的体制化の法則は，ゲシュタルト原理として知られている。ゲシュタルト原理には，近接の原理（時間，あるいは周波数が近いものどうしがまとまる）や共通運命の原理（同時に始まり同時に終わるものや，同時に変化するものがまとまる）のように，聴覚以外の感覚でも重要とされるものもあれば，調波性の原理（調波構造をなす周波数の成分がまとまる）のように聴覚のみで見られるものもある（中島ら，2014）。このような法則は，我々が知覚する音の世界を首尾一貫したまとまりのある，意味のある世界とするのに役立っていると考えられる。

■学習チェック

- □　音とは何か，時間波形とスペクトルとの関係，フィルターについて理解した。
- □　聴覚の生理学的仕組みについて理解した。
- □　音の大きさ，臨界帯域とマスキング，音の高さについて理解した。
- □　音の方向知覚において用いられる手がかりについて理解した。
- □　音声コミュニケーションの枠組みと音声の冗長性について理解した。
- □　聴覚情景分析における音事象と音脈との関係，ゲシュタルト原理について理解した。

より深めるための推薦図書

音響学全般の入門書としては，以下のものが勧められる。

坂本真一・蘆原郁（2016）「音響学」を学ぶ前に読む本．コロナ社．

蘆原郁・坂本真一（2012）音の科学と疑似科学―音の不思議と怪しい話．コロナ社．

スピークス Speaks, C. E.，荒井隆行・菅原勉監訳（2002）音入門―聴覚・音声科学のための音響学．海文堂出版．

聴覚心理学の概論書としては，次のものが勧められる。

大串健吾（2019）音響聴覚心理学．誠信書房．

次の本は原書第３版の翻訳であり，原書の最新版（第６版）は Moore（2012）である。

ムーア Moore, B. C. J.，大串健吾監訳（1994）聴覚心理学概論．誠信書房．

音の高さに関する専門書としては，次のものを勧める。

大串健吾（2016）音のピッチ知覚．コロナ社．

音声知覚についてよりくわしく知りたい読者は次の本を参照するとよい。

ライアルズ Ryalls, J.，今富摂子・荒井隆行・菅原勉監訳（2003）音声知覚の基礎．海文堂出版．

聴覚体制化についてはデモ CD のついた次の本がくわしい。

中島祥好・佐々木隆之・上田和夫ら（2014）聴覚の文法．コロナ社．

文　　献

Bregman, A. S.（1990）*Auditory Scene Analysis: The Perceptual Organization of Sound*. MIT Press.

Denes, P. B. & Pinson, E. N.（1993）*The Speech Chain: The Physics and Biology of Spoken Language*, 2nd Edition. Freeman.

de Saussure, F. (R. Harris Trans.)（1916/1972）*Course in General Linguistics*. Duckworth.

Fletcher, H. (J. B. Allen Ed.)（1953）*Speech and Hearing in Communication*. Acoustical Society of America.

French, N. R. & Steinberg, J. C.（1947）Factors governing the intelligibility of speech sounds. *Journal of the Acoustical Society of America*, 19; 90-119.

Jesteadt, W. & Leibold, L. J.（2010）Loudness in the laboratory, Part I: Steady-state sounds. In: M. Florentine, A. N. Popper & R. R. Fay (Eds.): *Loudness*. Springer, pp. 109-144.

Kishida, T., Nakajima, Y., Ueda, K. et al.（2016）Three factors are critical in order to synthesize intelligible noise-vocoded Japanese speech. *Frontiers in Psychology*, 7(517); 1-9.

Møller, A. R.（2013）*Hearing: Anatomy, Physiology, and Disorders of the Auditory System*. Plural Publishing.

Moore, B. C. J.（2012）*An Introduction to the Psychology of Hearing*, 6th Edition. Emerald.

Nakajima, Y., Matsuda, M., Ueda, K. et al.（2018）Temporal resolution needed for auditory communication: Measurement with mosaic speech. *Frontiers in Human Neuroscience*, 12(149).

中島祥好・佐々木隆之・上田和夫ら（2014）聴覚の文法．コロナ社．

Patterson, R. D. & Moore, B. C. J.（1986）Auditory filters and excitation patterns as representations of frequency resolution. In: B. C. J. Moore (Ed.): *Frequency Selectivity in Hearing*. Academic

Press, pp. 123-177.
Plack, C. J.（2018）*The Sense of Hearing*, 3rd Edition. Routledge.
Raphael, L. J., Borden, G. J. & Harris, K. S.（2011）*Speech Science Primer*, 6th Edition. Lippincott Williams & Wilkins.
Schnupp, J., Nelken, I. & King, A.（2011）*Auditory Neuroscience: Making Sense of Sound*. MIT Press.
Stevens, S. S. & Davis, H.（1938）*Hearing: Its Psychology and Physiology*. Wiley and Sons.
上田和夫（2019）フィルター（p. 28）；臨界帯域（p. 83）；言語の理解に必要な音声情報（pp. 44-45）．In：生物音響学会編：生き物と音の事典．朝倉書店．
Ueda, K., Araki, T. & Nakajima, Y.（2018）Frequency specificity of amplitude envelope patterns in noise-vocoded speech. *Hearing Research*, 367; 169-181.
Ueda, K. & Nakajima, Y.（2017）An acoustic key to eight languages/dialects: Factor analyses of critical-band-filtered speech. *Scientific Reports*, 7(42468).
Ueda, K. & Ohgushi, K.（1987）Perceptual components of pitch: Spatial representation using a multidimensional scaling technique. *Journal of the Acoustical Society of America*, 82, 1193-1200.
Zahorik, P. & Wightman F. L.（2001）Loudness constancy with varying sound source distance. *Nature Neuroscience*, 4; 78-83.

第5章

感　　　性

河邉隆寛

Keywords　感性，印象，曖昧さ，創造，見立て

I　感性とは何か？

1．感性の位置づけ

心理学は，言わずもがな，心の全容解明を目指している。一方で，心は非常に複雑であるため，そのままの形で理解することはままならない。まずは心を個別の機能へ理論的に分解し，分解された個別の機能を明らかにしつつ，解明された機能の統合を通じて総合的に心を理解しようとしているのが実際のところである。具体的には，心は知覚，認知，意思決定，記憶といった（やや部分的に重複のある）機能に分解され，それぞれの機能が少しずつ明らかになってきている。

このような心理学研究の潮流の中，感性という心の機能はどのように位置づけられるのだろうか。心理学の研究対象としての感性を語る際，感性は感性以外の心の機能との関係性の中で定義されるべきである。いったい何をどのように明らかにする研究活動が，感性研究なのだろうか。感性は他の心の機能とどう違うのだろうか。

2．感性と印象

既存の感性研究では，対象の印象をSD法で測定することが多い。SD法では，ある印象次元において相反する印象を示す語を左右に配置する。2つの語の間をいくつかの段階に区切り，印象を測定したい対象の印象が，左右の語の示す印象のどちらに近いかを判断し，その近さに対応する区切りをその対象の印象として選択する方法である。SD法が感性研究で多用されていることからも，感性は少なくとも対象の印象に関わるものだというコンセンサスは研究者間に存在する。一

方で, SD 法はあくまで手法であり感性の定義自体には関わらない。SD 法は知覚，認知，記憶を調べるときにも有効に利用することもできるからだ。そのため，感性とは何かと問われれば，それは対象の印象形成に関わる心の機能であるといえるかもしれない。ここでいう印象とは,「好き」「かわいい」「良い」などといった快印象,「醜い」「不気味だ」「気持ち悪い」といった不快印象が含まれると考えてよい。また,「まるで……のようだ」という文言で表現されるような見立てや比喩も印象という分類に含めてよいと思われる。つまり，他者による見立てを感じる能力，そして自分で見立てを作り出す能力もまた，感性の一側面であろう。

3．感性と知覚

三浦（2016）は, ゲシュタルト心理学において視覚パターンの「よい知覚」が研究されてきたことを紹介し，知覚という概念に良さという印象的側面が含まれることから，知覚と感性は切り分けることの難しい概念であると述べている。一方で本稿では，あえて両者を切り分ける。ここでは知覚を感覚入力に基づいて外界のモノやコトに対応する表象を生成する機能だと考え，感性を知覚で生成されたモノやコトの表象に対して印象を付与する機能であると考える。これまで感性は知覚との関係性の上で議論されてきた。しかしながら，外界の表象は認知によっても生成されるかもしれないし，そうやって生成されたモノやコトの表象は記憶の影響によって変容したり修飾されるかもしれない。形成された印象がその後の意思決定に及ぼす影響も多分にあるだろう。そう考えると，感性という機能がもし存在するとすれば, その機能は他の心の機能から独立に存在することはなく，むしろ複数の心の機能にまたがって存在する上位の心の機能であると考えてもよいだろう。

したがって本稿では，主に知覚や認知にまたがって存在する機能としての感性を議論する。感性と知覚との関係は，三浦（2010）が哲学・文学・美学の知見を交えながらエレガントに議論している。また，三浦（2016）では，感性とその他の心の機能（知覚，感覚，感情）や概念（知性）との差別化を図っている。本稿では三浦（2010）や三浦（2016）をさらに拡張させる形で，心の機能としての感性が，感性以外の心の機能（とくに，知覚・認知）の上位レイヤーとして位置づけられるという前提に立って議論を展開したい。

II　知覚や認知の上位レイヤーとしての感性

それでは，感性は知覚や認知とどのような関係性にあるのだろうか。この問題を1つの事例を通じて議論したい。図1はバーら（Bar et al., 2006）の研究において利用された刺激である。たとえば左上の時計の画像対を参照いただきたい。左側はやや角ばった時計，右側は丸っこい時計である。このようにバーらは，輪郭線に曲線部分を含む対象の画像と，曲線部分を含まない対象の画像を対にした刺激を作成し，実験参加者にどちらの対象を好むかを尋ねた。その結果，輪郭線に曲線部分を含む対象の方が好まれる傾向が確認された。

こういった時計の画像を見るとき，知覚や認知はどのように働くのだろうか。知覚機能では，時計の輪郭線において曲線部分があるかどうかを検出したり，時計の全体的な形状の認識に関わったり，素材がメタルっぽい何かでできていることを認識したり，といった比較的外界の物理特性に近い情報の認識に関わる。またそういった情報の表象の生成に関わると考えられる。認知機能では，たとえば右の時計はお母さんの時計に似ているな，とか，左の時計は買うと値段が高そうだ，左側の時計は角ばっていて触ると痛そうだな，などといった記憶に基づく表象が得られる。

知覚や認知で生成された上記表象に対し，人間は印象を付与する。人間は鋭いものを見ると脅威を感じ，丸っこいものを見るとあたたかみを感じるという（Aronoff et al., 1992）。バーらによると，鋭いものは体を傷つける可能性を喚起し，脅威の印象を与えるのだという。このように，知覚においてはモノの表象が生成され，認知においては把握したモノに関連する複雑な情報が知覚表象に付与される。最終的に得られた表象に基づいて好き－嫌いといった印象を形成しているものと思われる。このように考えると，感性は知覚や認知を踏まえた心の機能であると考えることができる。

III　曖昧さと快・不快

1．曖昧さを印象づける感性

これまで，感性は知覚や認知の上位レイヤーであり，知覚や認知の産物に印象を与えるものであると議論した。ここで注意したいのは，知覚や認知がつねに明瞭なカテゴリーを伴った表象を生むわけではないということである。知覚や認知

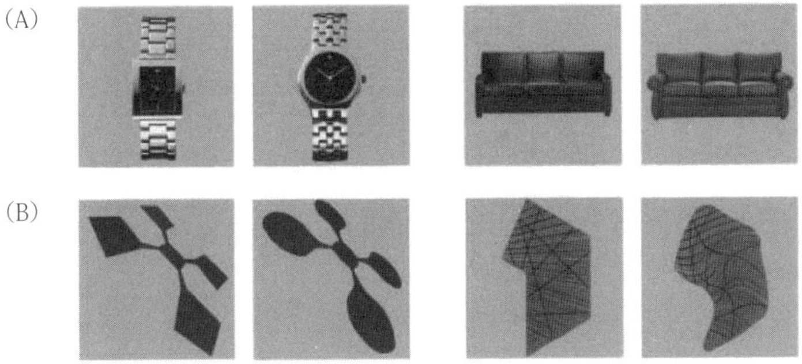

図1　バーらの研究で用いられた図（Bar et al., 2006）

での表象が曖昧である場合，感性はその表象にどのような印象を付与するのだろうか。じつは，人間は曖昧さに不快印象を抱くときもあれば，快印象を抱くときもある。ここでは上記２つのケースについて，事例を交えながら紹介する。

2．不快印象を生じさせる曖昧さ

人は時折，外界の対象に不気味だな，という印象をもつときがある。それでは「対象が不気味だ」という印象はどのようにして生じるのだろうか。森（1970）は，ロボットの見かけがある程度人間と似ているときは，人間とロボットの見かけの類似度が高いほどロボットに対する親和性や好感度といった正の感情的反応が強まるとした。一方で，人間とロボットと間の見かけの類似度がさらに高まると負の感情的反応が強まる可能性を指摘した。もちろん，ロボットの見かけがほとんど人間と区別できないときには，再度正の感情的反応が強まることも述べている。人間に対するロボットの見かけの類似性の関数としてこの感情的反応をプロットすると，見かけの類似性が上昇したとき，ある程度上昇したところで感情的反応の低下（もしくは負値化）が見られることがわかる。この感情的反応の低下を，森は「不気味の谷」と呼んだ。

不気味の谷に関しては一般に，人間対非人間の見かけの類似性に焦点をあてて議論がなされているが，一般的な好ましさの印象形成の文脈でも議論可能である。つまり，これまで述べてきた知覚・認知に基づいて生成される表象に対する印象形成の点で議論可能である。山田ら（2013）は，図２のように，イヌのぬいぐるみの画像，描かれたイヌの画像，実際のイヌを撮影した画像の３種類の画像から２種類を選択し，その２種類の画像をモーフィングして得られた画像を刺激として用い，実験参加者に画像に含まれる対象の好ましさ印象を問う実験を行った。

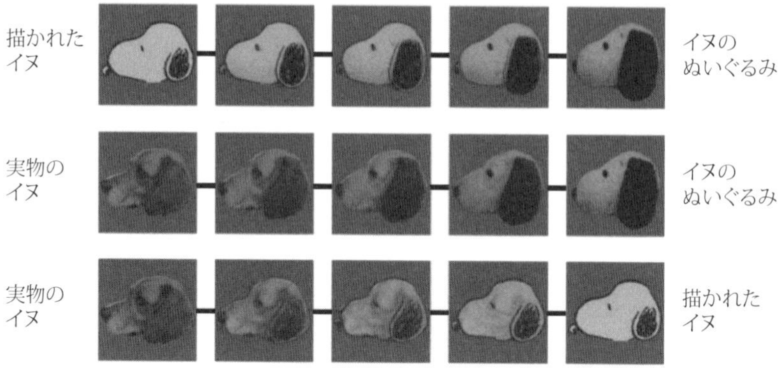

図2　山田らの研究で用いられた図（山田ら，2013）

その結果，モーフィング率が中程度であるときに，好ましさ印象が大きく低下することを示した。別の実験で山田らは，モーフィング画像のカテゴリー判断（たとえば，イヌのぬいぐるみを撮影した画像か，それとも手で描かれたイヌの画像かの判断）を行う課題を実験参加者に課した。その結果，カテゴリー判断にかかる反応時間が長くなったモーフィング画像において，好ましさ印象が下がることがわかった。

カテゴリー判断は，知覚機能や認知機能の出力として得られる。たとえば知覚機能はモーフィング画像に含まれる対象の表面質感や色合い，形状などの表象を生成する。認知機能では，そういった表象を総合して対象のカテゴリー化を行う。このカテゴリー判断が難しいとき，その対象は自分がこれまで出会ったことのない対象である場合がある。そういった新規な対象に対して接近行動をいきなり行うのは必ずしも望ましい方略ではない。したがって，素性の知れた対象に比べて，素性の知れない対象の好ましさを低下させるのは，人間が外界に対して適切に対処するのに意味があると思われる。この好ましさの低下は，カテゴリー判断の困難さに基づくが，不気味の谷における負の感情的反応の表出についても，人間対非人間について生じる同様のカテゴリー判断の困難さが関与している可能性がある。より最近の研究では，新規な対象を回避することが不気味の谷に関与することが示されている（Kawabe et al., 2017; Sasaki et al., 2017）。

3．好ましさを生じさせる曖昧さ

不気味の谷の議論では，カテゴリー判断の困難な対象では好ましさ印象が低下することが示唆されている。ここで，カテゴリー判断の困難な対象は，いうなれば曖昧な対象である。日常生活においても,「曖昧な態度をとる」や「曖昧な物言いをする」といった文言は好ましくないコトを意味する場合が多い。それでは曖昧な対象がつねに好ましくないという印象を喚起するかと問われれば，必ずしもそうとはいえないだろう。本節では，曖昧な対象についてむしろ好ましい印象が生じる事例について考察したい。また，曖昧な対象が好ましいと感じられる場合と好ましくないと感じられる場合とで，どのような違いがあるのかについても議論したい。

議論の主眼はだまし絵である。ここではだまし絵を，錯視を用いた絵画作品として定義する。だまし絵にはさまざまな種類がある。たとえば，本当は平面に描かれた絵画であるにもかかわらず，観察者に鮮やかな三次元印象を与えるだまし絵もあれば，見方を変えることで２つの異なった解釈を与えるだまし絵もある。ここでは後者のだまし絵に注目する。

たとえばロブ・ゴンサルヴェスによる作品「日没の航海」(2001）では，画面右端では，帆船が青空を背景にして描かれているが，その帆船を左側へ１つずつ辿って見ると帆船部分は雲や陸地へ徐々に変化するように描かれており，また，青空は建造物の壁や柱として描かれている。

この絵画が面白いのは，２つの解釈が楽しめるからであろう。特徴的な点としては,その２つの解釈が鑑賞者の見る空間位置によって異なる点である。知覚上,右端の帆船は紛れもなく帆船であり，左端の建造物は明らかに建造物である。ただ，目を向けた場所によって解釈が変わるのである。この解釈は視覚における情報処理の局所性に基づく。視覚は網膜に投影された情報を空間的に（そして時間的にも）細かく分解して処理している。そして，細かく分解して処理された結果をより高次な段階で統合処理することで，一貫した世界を見ているのだ。

「日没の航海」は局所視覚情報の統合処理の特性を示してくれている。この作品の右側では帆船の視覚表象が得られ，左端では建造物の視覚表象が得られる。人間の視覚では周辺視野の解像度は低い。フリーマンら（Freeman et al., 2011）は，物理的には異なるけれども視覚情報処理での出力がオリジナルと等しくなるように周辺視野の情報を調整した画像では，オリジナルの画像と見分けがつきにくくなることを示した。本作品においても，帆船と建造物は比較的類似した視覚情報で構成されており，周辺視野では容易に見分けがつかない。したがって，空間解像度の高い中心視野で帆船を捉えた場合は，周辺視野でも帆船が空間的に連続して並んでいるように感じ，一方で，中心視野で建造物を捉えた場合は周辺視野でも建造物が続いているように感じる。この視点の変化による解釈の違いが面白さを引き出しているものと思われる。

サンドロ・デル＝プレーテによる「イルカのメッセージ」も興味深い。この絵を見たとき，ある鑑賞者はイルカの群れが描かれていると解釈するが，他の鑑賞者は抱擁する男女が描かれていると解釈するだろう。

この鑑賞者による解釈の相違は，図と地の分離の相違に依拠する。人間は対象を背景から切り出すために，網膜像のどれが対象（図）であり，どれが背景（地）であるかを決定しなくてはならない。「イルカのメッセージ」において鑑賞者が比較的暗い領域を図と見なした場合，その鑑賞者にはイルカの群れが見え，鑑賞者が比較的明るい領域を図と見なした場合，その鑑賞者には抱擁する男女が見えるのだ。「イルカのメッセージ」における図地分離は，暗い領域と明るい領域の境界線をどちらの領域へ割り当てるか，という非常にベーシックな視覚特性を反映している。一方で，その解釈が過去の経験に基づくという逸話も残されており（セッケル，2008），知覚・認知・記憶の相互作用が図地分離の仕方を決定することを示している点において大変興味深い作品である。つまり，図地分離によって２つの解釈をもたらす点が本作品の面白さである。

最後に，ケン・ノールトンによる「ジャック・クーストー」を紹介したい。この作品を近づいてみると，１つひとつの要素が貝殻，サンゴ，生物の脊椎でできていることがわかる。一方で，この絵を数歩後ろに下がって鑑賞すると，海洋学者ジャック・クーストーの顔が見えるのだ。

「ジャック・クーストー」は，「日没の航海」や「イルカのメッセージ」とは異なるやり方で２つの解釈を鑑賞者に与える。人間の視覚情報処理は，細かい情報（高い空間周波数帯域に存在する情報）から粗い情報（低い空間周波数帯域に存在する情報）までを複数段階に分離して処理している。鑑賞者が細かい情報に注目すれば貝殻やサンゴが見え，鑑賞者が粗い情報に注目すれば，ジャック・クーストーの顔が見えるのだ。つまり，本作品は，人間の視覚情報処理における空間周波数選択性を利用して，２つの解釈を鑑賞者に与えているのである。

こういっただまし絵は，解釈が多様であるという点で多義的な絵画であり，いわゆる曖昧な絵画である。解釈が曖昧であるにもかかわらず，図２で紹介したようなカテゴリー判断の難しい画像とは違い，むしろ面白さや興味深さといった快方向の印象が得られる。それはなぜなのだろうか。

だまし絵とカテゴリー判断の難しい画像との違いとして，解釈の継時的・同時性が挙げられる。だまし絵には同時に２つの解釈を与えるものがあまり見られない。視点を移動したり，図と地との解釈を切り替えたり，鑑賞距離を変えたりすることで解釈に変更が加わる作品が多い。一方で，図２に示したカテゴリー判断の難しい画像では，１つの対象に２つのカテゴリーに由来する視覚情報が混在している。たとえば，漫画風に描かれたイヌの画像と実物のイヌの写真画像とをモーフィングした場合，モーフィング率が中程度のとき，画像に含まれる対象の表面はリアルなイヌに近い一方で，それと同時に対象は黒い輪郭をもち漫画のイヌに近い。一般に人間の視覚情報処理では，表面と輪郭とは強固に結びつけられ，明るさや質感の知覚を生み出す。したがって，だまし絵と異なり，上記モーフィング画像で表面と輪郭とを分離し，異なる解釈を継時的に知覚するのは非常に困難だと推測される。したがって,「漫画なんだけど実物っぽいイヌ」という見かけとなり，新規物体からの回避行動を促すという意味合いで対象の好ましさが低下するのだろうと考察できる。またこの考察は，表面や輪郭といった比較的ベーシックな視覚特徴に関わる処理結果が，対象の印象形成に影響する可能性とも結びつく。

Ⅳ　感性と創造

1．曖昧な情報からの物語の創造

人間はカテゴリー判断の難しい対象に対して好ましくない印象をもつことはすでに述べた通りであるが，一方で，そういったカテゴリー判断の難しい，一見整合しない２つの情報を含む対象に対しても，整合をつけようとする心の働きがあることがわかっている。河邉（2010）は,映像と効果音とを組み合わせた作品を刺激として用い，その作品の評価印象（快い，よい，好き）や不協和印象（まとまりの悪さ，違和感，不自然さなど）を実験参加者に評定させた。このとき，映像と効果音とが整合する組み合わせ（跳躍する男性の CG 画像と拍手音，うなだれる男性の CG 画像とピアノの不協和音）と整合しない組み合わせ（跳躍する男性の CG 画像と不協和音,うなだれる男性の CG 画像と拍手音）を調べた。その結果，映像と効果音とが整合する組み合わせでは評価印象が高く，両者が整合しない組み合わせでは評価印象が低くなる結果を得た。この評定結果は，カテゴリー判断の難しい対象に対して好ましくない印象をもつことを示した先行研究の結果と一致する。また，映像と効果音とが整合しない組み合わせでは，整合する組み合わせと比べて不協和印象が強い結果も報告された。

河邉は，印象評定だけではなく，鑑賞者に鑑賞した作品の物語を創造させる課題を行った。つまり，作品がどのようなシーンであるかを口頭で報告させたのである。物語の報告と同時に，物語創造の困難度についても評定させた。その結果，映像と効果音とが整合する組み合わせでは物語創造は容易であり，両者が整合しない組み合わせでは物語創造が難しいという評定結果を得た。映像と効果音との組み合わせによるこの困難度の違いは，映像と効果音との不協和印象から予想できた。その一方で，困難さを報告しながらも，鑑賞者は第三者から見ても納得できる物語を創造し，報告したのである。たとえば，跳躍する男性のCG画像にピアノの不協和音を組み合わせた作品では，「自分のポーズがよいと思うんだけど，じつはあまりよくないと評価されてショックを受けている」「崖から落ちている。助けて……という感じ」「何か，とれなくてガビーンという感じ。もしくは落ちている状況。ネガティブな感じ」というような物語が報告された。

これらの結果は，相容れない情報が同時に呈示された曖昧な作品であっても，人間はその作品に対して意味づけをし，解釈を与える可能性を示している。人間は「相容れないからカテゴリー判断不能」で終わらせることなく，積極的な意味づけをすることができるのだ。ただ，前段落で述べた通り，創造される物語には個人差が見られた。一方で，映像と効果音の組み合わせの評価印象や不協和印象にはあまり個人差は見られなかった。これらの結果は，曖昧な作品を鑑賞するときには，多くの人に共通の印象形成と，個人の記憶が絡むと考えられる個人差の大きい印象形成との２つの印象形成が同時に行われる可能性を示唆している。

2．見立てるということ

これまで議論してきた通り，モノやコトに対して直接的な印象形成を行うことは，感性の役割の１つである。前節までの印象形成は，「好ましい」や「良い」といった形容詞や形容詞で示すことのできる印象に関係するものであった。一方で，そういった直接的な印象だけではなく，前述した物語の創造のように，呈示されたモノやコトとは直接的な関係のない別のモノやコトと関連づけたり，呈示されたモノやコトを拡張して解釈したり，ということも，感性の役割であると考えられる。違う言い方をすると，ある外界のモノやコトを別のモノやコトに見立てることも感性の役割であると考えられる。

たとえば図3Aを見た人の多くが，笑っている表情を見る。一方で，図3Aに含まれているのは，ガラスの壁をもつ建造物，リンゴ，バナナである。顔はそこにはない。それにもかかわらず，人間は図3Aを見たときに，含まれる対象の配置に基づいてそれを「顔」であると見立てるのだ。面白いことに，図3Bでは写真の人物が笑っているように見えない。つまり，単純な顔パーツの配置情報の処理

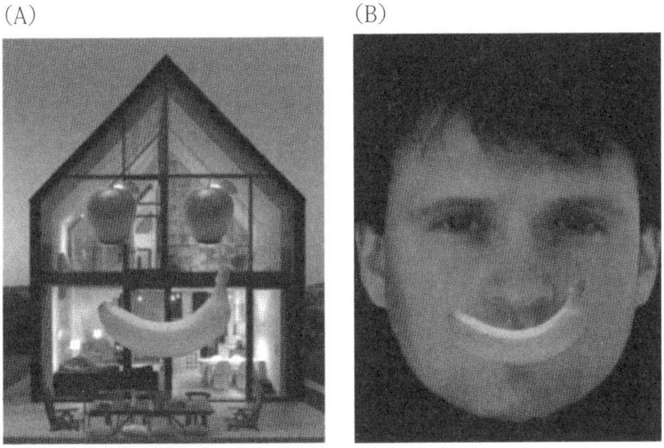

図3　ラマチャンドランらの研究で用いられた図（Ramachandran et al., 2017）

以上の処理がこの見立てには関わっている。

子どもたちはブロック玩具をさまざまなものに見立てて遊ぶ。たとえばブロック玩具をホットドッグに見立てた例を考えてみよう。表面の質感，表面に存在する突起物，マスタードソースの形状，どこをとって見ても局所的にはブロックである。しかしながら，鑑賞者はこの作品をホットドッグだと見立て，その見立てを楽しむことができるのだ。

古来より，日本人は自然風景を他のモノに見立ててきた。羽生（1994）は，和歌における見立ての例を示している。たとえば，「嵐ふく 三室の山の もみぢ葉は 竜田の川の 錦なりけり」（能因法師）や「みわたせば 柳桜を こきまぜて 宮こぞ春の 錦になりける」（紀友則）というように，紅葉や桜の舞い散る風景を錦と見立てた和歌が存在する。羽生によると，和歌が盛んに詠まれていた時代には，染織品は視覚的快楽のメディアであったという。つまり，錦は非常に価値の高いものであった。普段は「地」と見なされていた風景が，紅葉や桜と入り混じることで「図」なり，錦として見立てられたのだろうと羽生は議論している。そういった景色はとても価値の高いものであると見なされたはずだ。

図と地の解釈に基づく羽生の解釈は，図3における顔やホットドッグの見立てとも関連するかもしれない。図3Aではバナナが口に見えるのに，図3Aではバナナは口に見えないのは，図3Aではリンゴとバナナとが等価に図として知覚されるのに対し，図3Bでは背景としての顔画像に図としてのバナナが配置されていると視覚系が判断するからではないだろうか。

3．印象形成や見立ての意義

これまで議論してきたように，人はモノやコトに対しさまざまな印象を抱いたり，見立てを行ったりする。なぜ人はこういった印象形成や見立てを行うのだろうか。

まず思いつくのが適応的意義である。ある対象の触り心地が良かったり，味がおいしかったりしたとき，その対象についてよい印象を抱くことで再度接近する行動が導かれるであろう。その逆に，対象に触れて身体に害が及んだ場合，その多少について悪い印象を抱くことで回避行動が誘導される。この説明は図２に絡めて議論した不気味の谷の説明に類似している。

また，見立てに関していえば，プライベートな情報である表象を自己・他者間で互いに共有するために役立つかもしれない。たとえば，誰かに道を教えるときに，机の上に偶然置いてあった消しゴムやマグカップなどの対象を建物群に見立て，目的地の建物への道筋を机上で説明したりする場面があるだろう。わざわざ地図を描くよりも，この見立てを用いた方が道を教えやすかったりする場合があるのではないだろうか。これは，人間が建物をランドマークとして記憶していること，つまり建物が記憶における「図」であることと関係しているのかもしれない。地図を描くと，余計な情報まで入力されてしまい，図地の分離が難しいが，見立てを用いることで記憶の中のランドマークとの整合がつきやすく，より目的地へのイメージが明確になるのかもしれない。

最後に，見立てをすることは，新しい見方を獲得することにもつながる。そしてそれが視覚的なQOLの向上に関わるのかもしれない。たとえば鈴木（2004）は「ファスナーの船」という作品を作っている。この作品では，ファスナーの形をした船体の下に，ラジコンの船が装着されている。このファスナーの船が水面を走ると，船の背後に形成される波のパターンがあたかもファスナーを開けているかのように見えるのだ。この作者の見立てに同意したとき（筆者は同意した鑑賞者の１人であるが），鑑賞者には「面白い」「なるほど」といった正の情動反応が生じる。そして，もし鑑賞者に別の作品を創るモチベーションがあるならば，こういった作品を通じて得られた見立ての「見方」を反映した作品を作り，別の鑑賞者に新しいものの「見方」を提案することになるだろう。そういった見方の発見の連鎖は，社会全体の視覚的なQOLの向上につながり，人類を幸福へと導く１つのきっかけとなるかもしれない。実際，幸福（ウェルビーイング）を目指すデザインや技術が今後必要になってくることが最近議論され始めており（Calvo et al., 2014)，感性を研究すること，そして感性に基づいた視覚環境を設計することは，社会的に見ても非常に意義深いものと思われる。

V　最後に

本稿は，おもに視覚における感性の役割について言及しており，内容が偏っていることは否めない。感性が知覚や認知といった心の機能の上位レイヤーである以上その守備範囲は広く，とても許された文字数では語りきれはしない。しかしながら，事例は視覚に偏っている一方で，知覚や認知に基づく表象に対し印象を付与し，見立てを行うというのが感性の役割だという枠組みについては，さまざまなケースで当てはまるものと考える。

本稿ではおもに受動的な感性について述べており，能動的な側面については議論しなかった。たとえば安藤（2016）は，演劇におけるパフォーマーの感性的側面を議論していて，感性を身につけるために必要なことは，いかに「気づく」ための場を多く用意するかということだと述べている。受動的・能動的の違いはあるにせよ，ここでも図と地の分離が関わってくるのではなかろうか。観客とインタラクション，他のパフォーマーへのサポート，熟達者との共演，といった場から，演じるために重要な情報をパフォーマーは「図」として抽出し，気づく。その気づきをみずからの演劇に導入することで，パフォーマーの気づきが鑑賞者にとっての「図」として伝わるのだ。このようにして，感性に基づく表象が他者へ伝わっていく。こう考えると，感性は文化や社会の問題を議論するための1つの切り口として考えることができるかもしれない。感性研究は知覚や認知の研究に比べて，圧倒的に数が少ないが，その学術的，社会的，文化的重要性を踏まえると，今後の研究の展開から目が離せない。

◆学習チェック
- □ 感性を，知覚・認知の上位レイヤーの機能として理解した。
- □ 曖昧さが快・不快をもたらす条件について理解した。
- □ 印象形成や見立ての意義について理解した。

より深めるための推薦図書

三浦佳世編（2016）感性認知―アイステーシスの心理学．北大路書房．

三浦佳世編（2010）現代の認知心理学1 感性と認知．北大路書房．

三浦佳世・川畑秀明・横澤一彦（2018）シリーズ統合的認知 美感―感と知の統合．勁草書房.

文　献

安藤花恵（2016）パフォーマーの感性の熟達．In：三浦佳世編：感性認知—アイステーシスの心理学．北大路書房，pp. 169-185.

Aronoff, J., Woike, B. A. & Hyman, L. M.（1992）Which are the stimuli in facial displays of anger and happiness? Configurational bases of emotion recognition. *Journal of Personality and Social Psychology*, 62; 1050-1066.

Bar, M. & Neta, M.（2006）Humans prefer curved visual objects. *Psychological Science*, 17; 645-648.

Calvo, R. A. & Peters, D.（2014）*Positive Computing: Technology for Wellbeing and Human Potential.* The MIT Press.（渡邊淳司・ドミニクチェン監訳（2017）ウェルビーイングの設計論—人がよりよく生きるための情報技術．ビー・エヌ・エヌ新社.）

Freeman, J. & Simoncelli, E. P.（2011）Metamers of the ventral stream. *Nature Neuroscience*, 14; 1195-1201.

羽生清（1994）共同研究報告 衣のデザインにみる見立て意識—図から地への移りゆき．日本研究，11(9); 125-133.

河邉隆寛（2010）意味的不協和における印象形成と物語の創造．日本感性工学会論文誌, 9; 395-402.

Kawabe, T., Sasaki, K., Ihaya, K. et al.（2017）When categorization-based stranger avoidance explains the uncanny valley: A comment on MacDorman and Chattopadhyay (2016). *Cognition*, 161; 129-131.

鈴木康広（2004）ファスナーの船．http://www.mabataki.com/works/ship-of-the-zipper/

三浦佳世編（2010）現代の認知心理学 1 知覚と感性．北大路書房.

三浦佳世編（2016）感性認知—アイステーシスの心理学．北大路書房.

森政弘（1970）不気味の谷．*Energy*, 7(4); 33-35.

Ramachandran, V. S., Chunharas, C. & Smythies, M.（2017）Trigger features for conveying facial expressions: The role of segmentation. *I-Perception*, 8(6); 2041669517737792.

Sasaki, K., Ihaya, K. & Yamada, Y.（2017）Avoidance of novelty contributes to the uncanny valley. *Frontiers in Psychology*, 8;1792.

Yamada, Y., Kawabe, T. & Ihaya, K.（2013）Categorization difficulty is associated with negative evaluation in the “uncanny valley” phenomenon. *Japanese Psychological Research*, 55(1); 20-32.

第6章

注　　意

河原純一郎

Keywords　注意，意識，無意識，ワーキングメモリ，トップダウン，ボトムアップ，処理資源

I　注意とは何か

実例に即して注意の問題を考えてみよう。あなたが最もよく話をする友人は誰だろうか。あなたが見たいと思っているテレビ番組は何だろうか。もしあなたが（たとえば公認心理師受験のために）試験勉強をしているのなら，時間は有効に使いたいはずである。それならば，その友人に電話をし，片耳からその友達の声を聴きながら話そう。そして見たい番組はテレビにイヤフォンを挿して反対の耳から音声を聴こう。もしこれがうまくいく方法ならば誰もがそうしているはずであるが，現実はそうではない。この例からわかるように，私たちの認知システムの処理能力（処理容量ともいう）には限界がある。身のまわりにあるたくさんの情報のうち，一度に処理できるのはその一部のみであり，情報を取捨選択しなければならない。このとき，情報の取捨選択に関わる働きを注意という。本章で示す通り，注意には単一の機能ではなく，いくつもの側面があり，それぞれが異なる特性をもつ。

II　選択的注意

1．どの段階で選択するか

繁盛しているうどん屋で友人と話す場面を考える。あなたは店内の騒がしい音や他の客の声を無視することができ，真横に座った友人の声を選んで聞き取ることができる。この現象を説明するために，ブロードベント（Broadbent, 1958）は，声の高さや大きさ，聞こえてくる位置のような物理的な特徴に基づいて必要な情

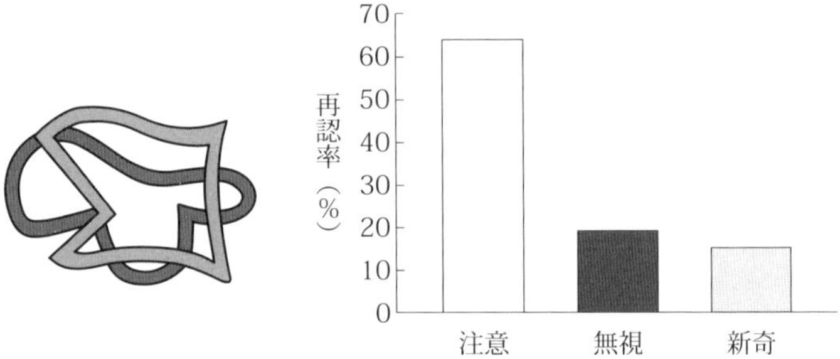

図1　無視したものは記憶されない例

報を選び出し，さらに分析しているという注意の初期選択説を考えた。すなわち，基準にあてはまらない情報は早い段階で捨てられてしまい，分析されないという考えである。

この考え方を支持する知見として，図1のように色の異なる図形を重ねたもののうち，一方の色をした形の良さを答え，他方は無視するという研究がある。こうした試行を何回か繰り返した後，抜き打ちテストのように被験者に2種の図形や，まったく別の図形を呈示して，自分が見た図形を覚えているかを尋ねた。その結果，自分が注意を向けて選んだ色の図形はかなり正しく見分けることができたが，注意していなかった色の図形は，いままで一度も見たことがない図形と区別できなかった。この結果は，色という単純な物理的特徴の違いに基づいて注意する・しないを分けてしまえば，注意しなかった図形はくわしい分析はされず捨てられてしまい，記憶にも残らないことを示している。このように，単純な物理的な違いに基づいて早い段階で注意するか，しないかを分け，注意したものだけをくわしく分析するという考え方が注意の初期選択説である。

一方，注意の後期選択説はまったく対照的な立場をとる。すなわち，情報の取捨選択はすべての情報を意味がわかるレベルまでくわしく分析した後に，反応の直前にどの情報を選ぶかを決めるという立場である。その典型例として知られるのがフランカー効果である（図2）。被験者にはHHHSHHHというように文字列を呈示し，中央の文字がHならば左ボタン，Sならば右ボタンを素早く押し分けてもらう。このとき，両脇の文字が中央に一致する場合（すべてHまたはすべてS）に比べて，一致しない場合（HHHSHHHまたはSSSHSSS）の反応時間の方が長かった。もし中央の文字だけを物理的な位置に基づいて選択できるのであれば，両脇の文字と中央の文字の一致・不一致にかかわらず，反応時間に違いは生じないはずである。しかし，不一致のときの方が反応が遅かったのは，位置に基づい

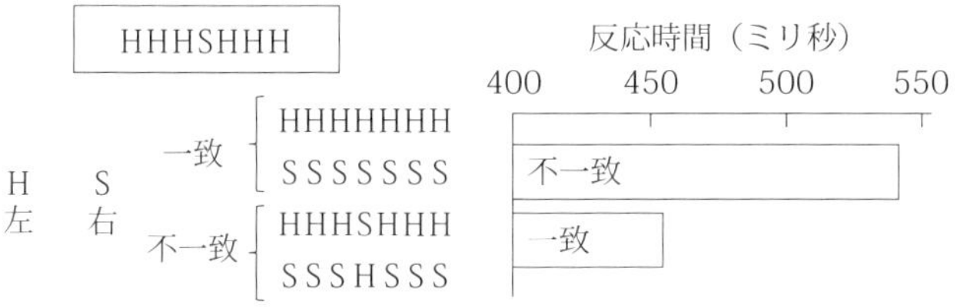

図2　フランカー効果

た選択はできず，すべての文字を分析してしまったため，中央の文字への反応に両脇の文字が干渉したと考えられる。この例はすべての情報を分析したうえで後から選ぶという後期選択説にあてはまる。

初期選択説，後期選択説の中間の立場もある。もう一度，繁盛したうどん屋で友人と話す場面を思い出そう。もし，隣席のグループに偶然あなたと同じ名字の客がいて，その名字が呼ばれたとすれば，その声は無視できないだろう。この例のように，無視した情報の中にも自分に関連することなどの一部の情報には気づくことがあり，カクテルパーティ現象という。この現象は，注意の初期選択が完全ではなく，注意していない一部の情報も部分的に分析されていることを示している。後期選択説が考えるほどすべての情報が意味まで分析されるわけではないが，情報は部分的に弱められ，重要なもののみが深い分析を受けるという意味で，これを注意選択の減衰説という。

情報の取捨選択が初期・後期いずれの段階で起こるかという疑問については，現在では注意の処理容量（または処理資源）と知覚負荷という２つの要因で決まると考えられている。注意の処理容量は給湯タンクにたとえると理解しやすい。お風呂に湯を貯めようとして大量に湯を出すと，台所の蛇口からの湯の出具合が悪くなるように，注意の処理容量には限界があり，一方で大量に消費しすぎると，他方では足りなくなるという特性がある。このことは前述のフランカー効果を利用した実験で調べることができる。図３のように，被験者には中央の文字の中から標的（Z か X）を探してもらう。周辺にはフランカー効果を生む妨害刺激として，Z か X を呈示する。図３左のように中央は標的以外の文字はすべて同じ（o）なので知覚的な負荷は小さく，標的は容易に見つかる。このときは処理容量は標的の探索には消費されない。余った処理容量は自動的にその場にあるものの分析に使われるため，周辺の妨害刺激の意味や反応の割り当ても同時に解釈されてしまい，フランカー効果が起こる。一方，図３右は非標的と標的が似ており知覚負荷が高く，標的の探索には処理容量を消費する。そのため，周辺の妨害刺激を処

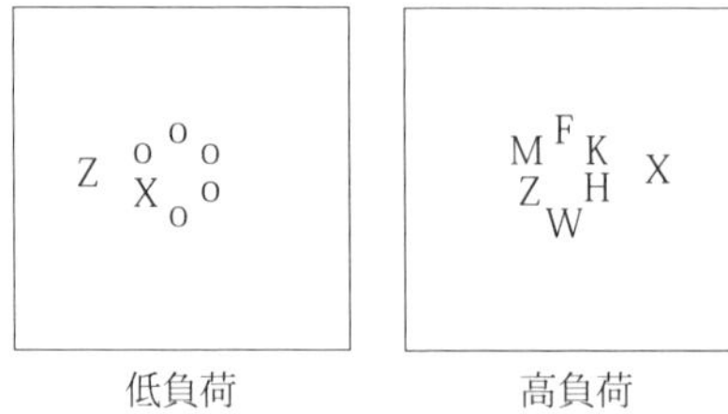

図3　高負荷によるフランカー効果の打ち消し

理できるだけの容量が残っておらず，フランカー効果は生じない。このように，知覚負荷の高低と残った処理容量でフランカー効果の有無が変わる。すでに述べたようにフランカー効果は後期選択説を支持する現象であり，情報の取捨選択が起こる段階は知覚負荷と処理容量に左右されるといえる。このような考えを注意選択の負荷説という。

2．視覚探索

図4に散りばめられた名字から「田中」を探してみよう。標的とする名字の有無を判断するのは，図4左上の方が図4右上に比べて容易だろう。この違いは注意の働きを反映している。複数の非標的から標的を探すためには，空間選択的注意を向けて1つひとつ確認していく必要がある。そのため，非標的の数が少ないときの方が多いときに比べて探索に要する時間は短くてすむ。図4左下は横軸に探すものの数，縦軸に標的を見つけるまでの時間をとったものである。注意を1つずつ向ける必要があるような探索は，探す対象が増えるほど時間がかかる。一方，図4右上から●を探すときのように，単純な特徴の違いを探すときは，注意を細かくシフトさせなくてもよく，探す対象の数にかかわらず探索時間はほぼ一定となる。このように一目で標的がわかる事態をポップアウトという。

なお，注意にはもう1つ重要な機能がある。図4の探索では文字の組み合わせも重要である。標的の「田中」に対して「中田」は非標的として排除しなければならない。このとき，注意は「田」「中」という文字と，左右の位置の情報を統合する働きを担う。注意が情報を統合する例として図5を見よう。まず，手で図5全体を隠してほしい。次に，一瞬だけ手を除けて図5を見た後，すぐに隠してみよう。いま一瞬だけ見た図の中に，仲間外れを見つけられるだろうか。正確には，縦が白，横が黒の棒を見つけられただろうか（近くに友人がいれば，その人に見つけてもらってもよい）。おそらく，初見では見つけられてもせいぜい1つで，2

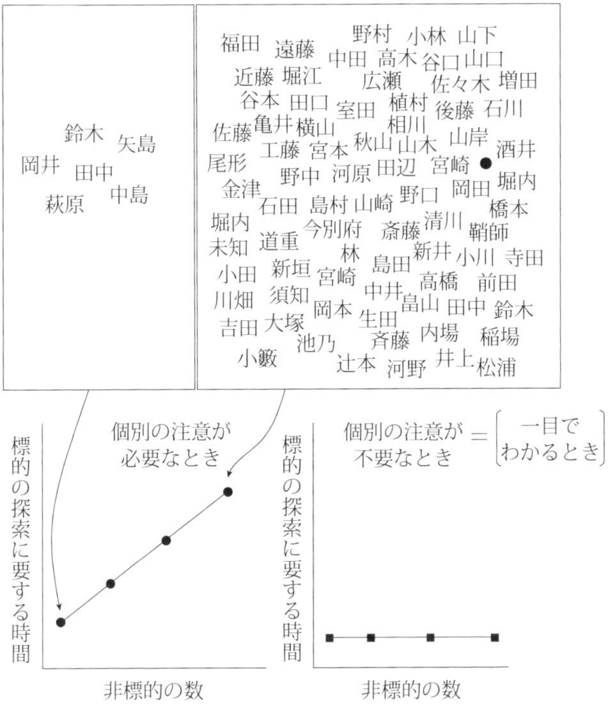

図4　視覚探索と探索に要する時間

注）左上：非標的が少ないとき，右上：非標的が多いとき，左下：違いを探すのに注意が必要なとき，右下：目立つもの（●）を探すとき。

つともすぐに見つけられた人はほとんどいないだろう。注意は同時に複数の箇所に分割して向けることは非常に困難で，一度には 1 カ所ずつ向けていく必要がある。したがって，複数の場所で同時に縦，横という方位の特徴と，白，黒という色の特徴を組み合わせることはできない。その結果，短時間で標的の組み合わせを見つけることはできず，2 つとも同時に見つけることはほぼ不可能である。注意が十分に向けられないときは，誤って特徴を組み合わせてしまうエラー（結合錯誤）が起こることもある（Treisman et al., 1980）。こうした注意に由来するエラーは，図 5 のような絵で見る限りはささいなことに思えるが，空港の手荷物検査のような場面で危険物が発見できなければ，重大な結果を招きかねないだろう。

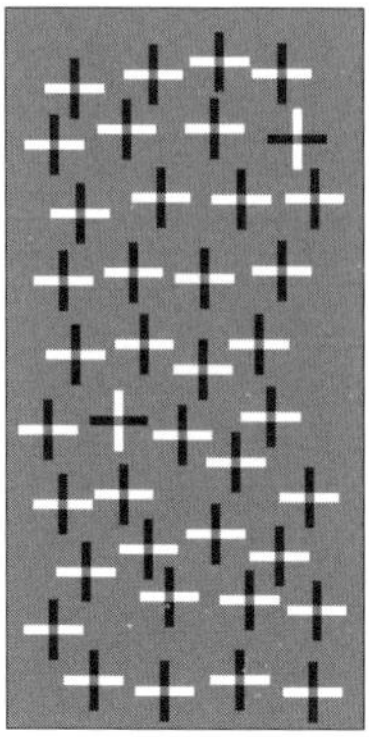

図5　縦が白，横が黒の探索

図6　ストループ干渉課題

III　注意の制御

1．ストループ効果

図6には単語が並んでいる。まず，これらの単語を上から順に声に出して読んでみよう。次に，これらの単語の意味を無視して，印字されている色（白か黒）を上から順に声に出して答えてみよう。単語をそのまま読むときは文字の色による影響をほとんど受けないが，反対に単語の意味を無視して色を答えるときは，詰まったり，文字を読んでしまう誤りをしやすいだろう。このように，単語の色を答えるとき，無視すべきはずの単語の意味が干渉してしまう現象をストループ効果という。

この現象が起こる原因は認知システムの二重性にある。我々の認知は，意識システムと無意識システムの２つが協調することで成り立っている。普段は自分の行動を意識し，何をしようとしているかを把握しているつもりでいる。たとえば，このページを読むことも，自分で意図していることである。これらは意識システムの働きによるものである。意識システムは複雑な判断や情報の組み合わせを得意とし，労力のかかる認知操作を１つずつ，時間をかけて行う。その一方で，意図せずとも自動的に働くプロセスは無意識システムによるものである。無意識システムは単純な作業を得意とし，差分の検出や繰り返し学習した行動を素早く自動で実行する。そして意識システムが制御している最中でも，無意識システムは割り込んで制御を奪うこともある。たとえば，このページを読んでいるときにメールの着信音が鳴れば，それに気づいて音がした方を見るだろう。こうした突然の割り込みイベントへの応答は意図した行動ではなく，自動的に起こるものである。重要なのは，意識システムが働いているときでも，無意識システムはその裏で常に身のまわりを監視している点である。このため，交通量が少ない通い慣れた通勤路であれば意識システムを使って考えごとをしていても，無意識システムを使ってぶつからずに車を運転できる。眠っているときのように，意識システムが働いていないときでも無意識システムが起きているせいで，静寂の中から目覚まし時計の音に気づく（差分の検出ができる）。

ストループ効果はこの認知システムの二重性のせいで起こる。意味を無視して単語の印字色を答えるためには意識システムを使わなければならない。一方，平仮名を読むことは我々が小さい頃に学習し，繰り返ししてきたことで，無意識システムが素早く意味まで分析する。そのため，印字色としての色名と単語の意味としての色の干渉が起こり，すらすら答えにくい。一方，単語の意味を答えるときには無意識システムが自動的に素早く意味まで分析するうえ，普段から印字色を自動的に答える訓練をしておらず，干渉は起こらない。

2．トップダウンとボトムアップの制御

意識システムと無意識システムの二重性は，認知のトップダウン制御とボトムアップ制御におおまかに対応する。認知のトップダウン制御とは，能動的に自分で決めた方向性に基づいて認知を進める方式である。注意をトップダウン制御するということは，たとえば図４で左上から横にスキャンし，右端に達したら少し下がって折り返すというように，自分で決めた方針に基づいて注意のスポットライトを動かす方式をいう。一方，図４で探索中に小さな虫が目の前を横切ったとき，その虫に注意が向くという事態は注意のボトムアップ制御の好例である。すなわち，自分で意図せず，目立つ物事に注意が自動的に引きつけられる場合が注意のボトムアップ制御であり，注意捕捉ともいう。

これら２タイプの注意制御を単純な例で見てみよう。この手続き（図７）はポズナー法として知られる。図７左は注意をトップダウン制御する例である。この課題では被験者は４つの枠のいずれかに呈示される標的を見つけたら素早くボタンを押す。はじめに中央の点に注視を向けた被験者に，手がかりとして矢印を見せる。この矢印の先に標的が高い頻度で出現しやすいことは被験者にあらかじめ告げてある。こうした事態では，被験者は矢印を見て解釈し，その先に注意を意図的にシフトさせる。その結果，標的の位置が矢印の指す方向に一致しているときは一致していなかったときに比べて素早く反応できる。この反応の違いを生む

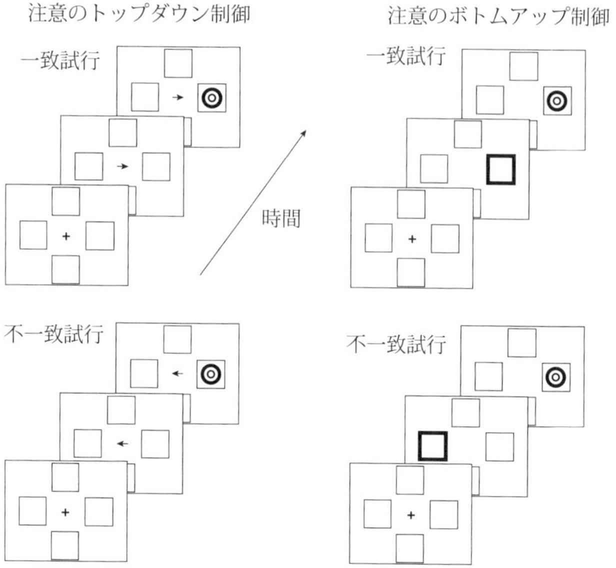

図7　ポズナーの空間的手がかり課題

空間的な注意の働きは，スポットライトにたとえられる。矢印手がかりの指す方向へ注意のスポットライトを向けることで，一致試行ではそのスポットライトを向けた位置に現れた標的の分析が促進され，素早く反応できる。一方，不一致試行ではスポットライトを外れた位置には注意が向いていないため，いったん別の位置に向けてしまったスポットライトを引き離して標的に向け直すという余計な操作が必要となり，一致試行に比べて反応が遅れる。

注意のトップダウン制御では，矢印に限らず，「左」や「右」といった単語や，「1 は右，2 は左を意味する」といったルールをあらかじめ被験者に伝えておくことで有効な手がかりとして利用できる。トップダウン制御は手がかりを解釈し，記憶したルールを結びつける必要があるので，ボトムアップ制御よりも効果を生み始めるまでに約 0.3 秒程度の時間を要する。一方，図 7 右は注意のボトムアップ制御の例である。ここでは矢印の代わりに，標的が出る可能性のある枠を短時間だけ増光する。こうすることで物理的な差分を作り出し，注意を自動的に引きつける。ボトムアップ制御は着信音や警報に注意が向くときと同様に，手がかりが出てから注意がそこに向き，効果が生まれ始めるまでの時間が約 0.1 秒ときわめて短いことが特徴である。また，いったんボトムアップ制御で向けた注意は，その後再びその位置には注意が向きにくいという性質がある。これを注意の復帰抑制という。一方，トップダウン制御による注意には復帰抑制が生じない。

注意のボトムアップ制御の典型である注意捕捉は，起こりやすい条件がいくつかある。

第１に，ある物理的属性について，周囲と顕著に異なる部分や事象には注意捕捉が起きやすい。たとえば白いシャツについたトマトソース，交差点にサイレンと回転灯をつけて進入してきた消防車などには注意捕捉が起きやすい。注意捕捉には周囲と大きく異なる差分が必要である。静かな部屋でスマートフォンの着信音が鳴れば注意の捕捉は起きる。しかし，同じ大きさの着信音であっても，音や光があふれているゲームセンターでは周囲との際立つ差分情報とはならず，注意を捕捉しない。

第２に，人の顔や身体に対しては自動的に注意が向きやすい。顔は人間にとって社会的な生活を営むうえできわめて重要な情報源であり，顔の分析に特化した神経細胞群もある。たとえば植物の画像に紛れたチョウの画像（標的）を探すとき，無関係な顔の画像があるときは，顔画像がないときに比べて標的の探索は遅くなる（Langton et al., 2008）。この遅延は顔画像が注意を捕捉したために生じたと考えられる。さらに，顔だけでなく，視線や指差しにも自動的に注意が誘導されることを示す知見もある。たとえば，図７左の矢印の代わりに，左右いずれかの方向に視線を向けた顔画像を呈示すると，視線の方向への空間的な注意のシフトが起こる。

第３に，価値をもつ物品や過去に報酬を受けた経験に関連する物事にも注意は捕捉されることがある。たとえば，ある色の文字の探索と高報酬をいったん学習すると，その後報酬が得られなくなった後でも，その色は注意を引きつける。現実場面に近い例では，高カロリー食品やスマートフォンにも注意を引きつける力があり，視覚課題が阻害されることが報告されている。

３．見落とし

注意のトップダウン制御は適応的な活動には欠かせない認知機能である。これが働かなければ，身のまわりで起こる変化に注意捕捉され続け，意図した行動が継続できないだろう。たとえば，電車の中で本を読もうとしても，車内放送，席を移る乗客，車窓の目立つ建物などに注意捕捉され続けてしまう。実際にはトップダウン制御はこうした過渡的な変化を適宜抑制し，意図した物事に注意を維持できる。

しかし，この機能は諸刃の剣でもある。ある物事に注意を向けるということは，それ以外のことは切り捨て，選択しないことになる。ドライビング・シミュレータを使ったある研究では，被験者はコンピュータ・グラフィックスで描かれた街を運転した（Most et al., 2007）。このとき，街路の標識には黄色と青色の矢印が描かれ，一方の被験者グループは黄色の，もう一方の被験者グループは青色の矢印に従って運転した。シミュレータは，運転の途中で対向する二輪車が突然曲がって，被験者の車の前に飛び出してくるようにプログラムされていた。さらに，この二輪車の色は被験者の注意している矢印の色に一致している場合と，不一致である場合が設けられていた。実験の結果，この二輪車への衝突率は，不一致条件では一致条件の約 5 倍も高かった。この例からわかるように，我々の認知システムは洗練されたトップダウンの注意制御ができるが，その代償として，切り捨てられた情報には気づかず，見落としも起こる。

日常の光景を知覚するとき，注意はどこに，どの程度向けられているだろうか。映画では，あるシーンから次に切り替わるとき，別の方向のカメラで撮影したカットが挿入されることがある。たとえばターミネーター 2 で T-1000 が追ってくる場面で，トラックが用水路に落ちるときに運転席正面の窓ガラスは外れて落ちる。しかし，その後のカットではこの窓ガラスは復活している。こうした連続性のエラーは探そうとしなければほとんど気づかない。こうした見落としを単純化したものが図 8 と図 9 である。この 2 枚の写真には異なる部分がある。ページを何度かめくって探すと見つかるだろう。このような光景間の違いに気づきにくいことを変化の見落とし（Rensink, 2002）という。こうした例は，物体の意識的な認知には注意を向ける必要があることを示している。言い換えると，注意を向けていないものにはほとんど気づかないといえる。すでに見てきたように我々が一度に注意できる個数や範囲には限界があるため，何らかの物事をつねに見落としているともいえる。一方で，注意の範囲以外が真っ暗に抜け落ちているわけではなく，そこにどんなものがあるかおおまかにはわかる。たとえば，この本のこの部分を固視したまま，反対側のページの端はどうなっているだろうか。視線を向けなくても，そこは暗黒ではなく，文字や図で埋まって感じられるだろう。我々の認知システムは光景の概要（ジストあるいは光景スキーマともいう）を経験から作り上げており，注意を向けて詳細に分析していない部分はこの概要を利用して表象を埋め，抜け落ちを生じさせない。

我々の身のまわりには数多くの物体がある。ここまでに見てきたように，知覚や認知，記憶の上での制限がある。そこで，大量の情報に対処するには，必要なものを 1 つ（あるいはきわめて少数）に限定し選び出すための仕組みとして注意

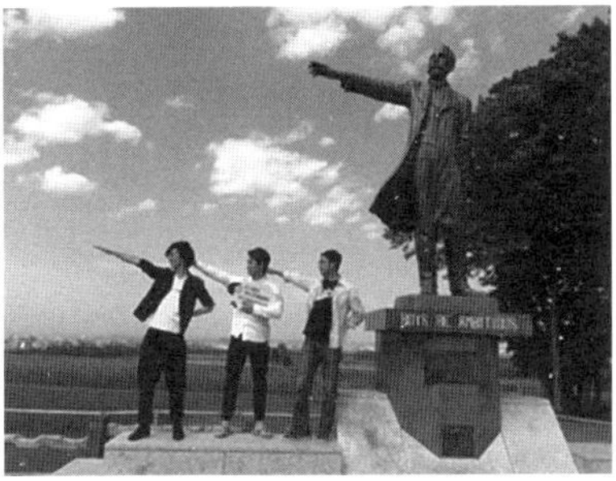

図8　さっぽろ羊ヶ丘展望台（図9と比較）

について学んできた。この他にも，概要の知覚は大量の情報に対応するための認知の仕組みだともいえる。たとえば，会食で料理を取り分けるとき，豆を1粒ずつ数えたりはしなくともだいたい同じ量を見積もることができる。別の例では，とても大きな駅の通路を歩くとき，1人ひとりを観察しなくとも，出口へ向かう人の流れと，入り口から入ってくる人の流れがなんとなくわかる。このように，詳細は捨てて，ざっと見積もっておおまかな数量や方向などを見積もる認知機能を集合の知覚（アンサンブルの知覚）という。集合の知覚には大きさや明るさのような単純なレベルから，視線，表情や魅力のような高次のものも含まれる。

Ⅳ　注意の機序

1．注意は何を変えるか

上述のように注意にはさまざまな側面がある。そのため，注意をいったん何かに向けたとしても，そこで起こることは1つではない。注意の神経基盤を調べた研究から，注意を向けることで知覚信号の増幅，知覚感度の向上，関連次元の選択的分析，特徴の統合，競合の解消といった効果が起こる。注意を向けた位置に対応する脳内の領野では，無関係な神経活動が減少し，弱かった神経活動を強める働きが生じる。その結果，注意した位置やものに対して知覚の感度が高まり，よりいっそう鮮明に感じられるようになる。この他，注意を向けた特徴をもつものだけを強調することもできる。たとえば，図10の水平の粒に注意することで，全体として左下から右上へ並ぶ直線が強調され，知覚できるようになる。一方，白い粒に注意すれば円形の配置に気づく。このように，見るものは同じでも，注意する属性を変えるだけで意識的な知覚は大きく変わる。図4や図5(田中 vs. 中田や黒の縦と白の横の探索）で見たように，単純な特徴は注意を向けずに一目で

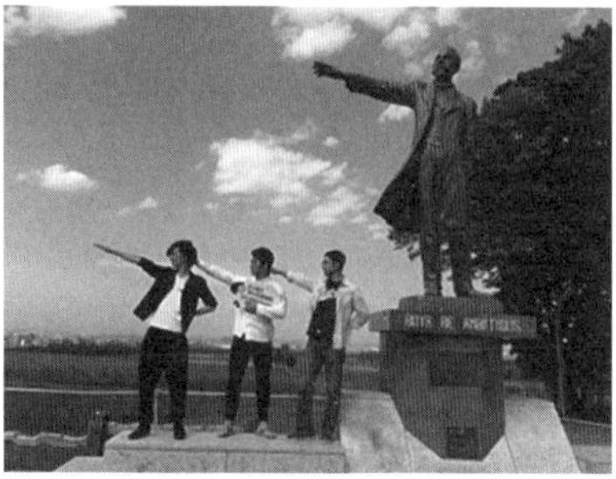

図9　さっぽろ羊ヶ丘展望台（図8と比較）

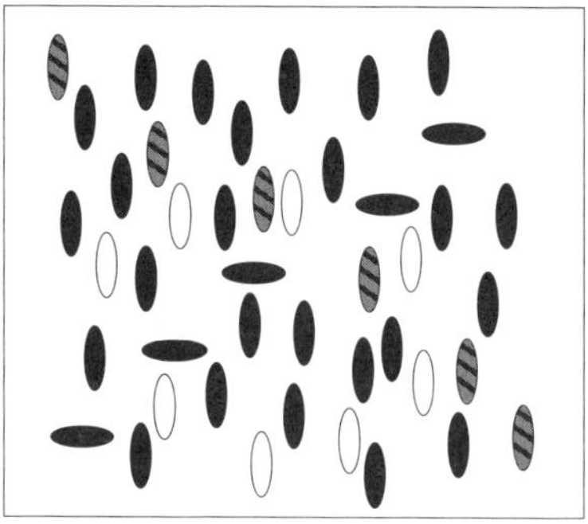

図10　注意と意識的な知覚

わかるものの，複雑な特徴の組み合わせには注意を向けて統合する必要がある。視覚皮質や側頭葉の神経活動を調べた研究から，注意を向けることで神経活動の競合が解消されることもわかっている。

2．注意ネットワーク

ポズナーら（Petersen et al., 2012）は，注意は覚醒，定位，実行制御という3つの成分があると述べ，これら3つの注意の成分を同時に測定できる注意ネットワークテストを考案した。覚醒は準備状態を維持する機能である。定位は先に述べた空間的なスポットライトの役目を果たす。実行制御は意図的な行動の基盤であり，葛藤を解決し，間違いを訂正し，新たな反応を計画する働きを担う。実行制御がうまくできていないときは，上述したフランカー効果が大きく生じる。

注意の実行制御成分は，注意選択の負荷説で見たように処理容量の制約を受ける。実行制御を必要とする課題を行うとき，他にも複雑な課題を同時にしようとするとどちらもうまくいかない。次々と課題を切り替える場合は時間がかかる。

そのため，たとえば足し算のみをしてから引き算のみをする方が，交互にするよりも早く正確にできる。しかし，複雑な課題の遂行は訓練によって徐々にある程度自動化することができる。ピアノを弾く練習や，自動車の運転のような日常の例からもこのことはわかるだろう。ただし，訓練すれば何でも自動化され，注意を分割して２つのことを同時に精度を落とさずに実施できるわけではない。ワーキングメモリを要する二重課題は訓練を積んでも限界がある。たとえばドライビング・シミュレータを用いた実験で，携帯電話で通話しながら自動車を運転するとき，通話中は赤信号の見落とし率が高まるし，ブレーキを踏むまでの時間も長くなることがわかっている。一方，同乗者と会話する場合は，交差点などの難所にさしかかると会話のペースが落ちるように，場面に応じた運転者への負荷が調整されるため，携帯電話で通話するときほどの妨害は生じにくいといわれている。

３．注意の個人差

注意にはさまざまな個人差がある。課題の遂行中に情報を蓄積し，操作する場としてワーキングメモリがあり，この容量は注意の個人差を生む重要な要因の１つである。ワーキングメモリの容量を測定する手法の１つである作業スパン課題（Conway et al., 2001）のあるタイプのものでは，計算式の正誤を判断し，ともに呈示される１つの単語を覚える。この繰り返しを何度か行い，単語が出てきた順を答える。この順にすべての単語を正しく答えられた数をワーキングメモリ容量の指標とする。たとえば，数式と単語の組み合わせを４組見た後に見た順にすべて思い出すことができれば４点，１つでも間違えると０点である。この課題でワーキングメモリの容量を測定し，容量が大きい群と小さい群に分けると，ワーキングメモリの容量が小さい群の方がカクテルパーティ現象が生じやすかった。実験の結果，自分の名前に気づいた割合はワーキングメモリの容量が大きい群では20％であったのに対し，ワーキングメモリの容量が小さい群では65％もの人が自分の名前に気づいていた。ワーキングメモリの容量が小さいほど非関連情報が排除しにくいと考えられている。そのため，無視すべき側の耳に自分の名前が出てくると無視できず，気づいてしまってカクテルパーティ現象が生じやすかった。視覚ワーキングメモリの容量が小さい人は不必要な情報を分類し排除する効率がよくないことが原因で，結果としてワーキングメモリの容量を使い切っている可能性があり（Vogel et al., 2005），課題とは無関係な情報に妨害されやすい。

発達という点から注意の個人差について見ると，ポズナーのいう覚醒状態の発達が生後約２カ月から始まる。続いて，生後２～３カ月から６カ月の間に，空間

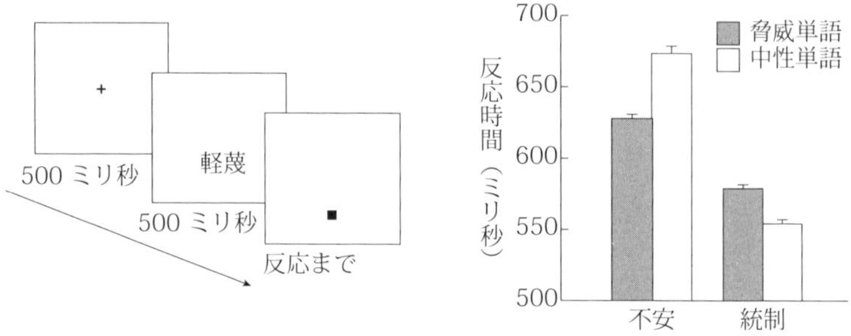

図11　情動ドットプローブ課題

や物体に注意を向けるという注意の定位機能が急激に発達する。さらに5～6カ月かそれ以降から，意図的な注意の機能が大幅に発達する。さらに個人内に限らず広く捉えると，文化によっても注意のバイアスがある。文脈や背景情報を重視する東アジア人は，写真を見たときの眼球運動を測定すると比較的背景への固視が多いのに対して，個人主義的傾向のある文化圏の人は，背景よりも中心に写っている物体に固視が向きやすい（Chua et al., 2005）。

他にも，注意は不安や抑うつの高低といった個人特性に応じたバイアスがある。たとえば，社会的な不安の傾向が高い人たち（不安群）と，そうでない人たち（統制群）に，図11のような光点検出をしてもらう。光点が出現する直前に，社会的な脅威が関わる単語（批判など）か，中性の単語（本棚など）を呈示した（MacLeod et al., 1986）。その結果，社会的な不安が高い人たちは脅威単語の位置に出た光点への検出反応時間はその逆の位置に出た場合よりも短かった。この結果は不安の高い人は，不安を喚起する脅威単語に注意が向きやすく，その位置に注意が停留しやすいことを示唆している。

◆学習チェック
- □　注意は単一の機構や現象を指すのではなく，複数の側面・機能を含むことを理解した。
- □　注意を一度に複数の物事に向けることは困難で，シフトさせたり切り替えたりするのには時間を要することを理解した。
- □　注意はボトムアップ制御，トップダウン制御の両方の影響を受けることを理解した。
- □　ワーキングメモリの容量は注意の個人差を生む要因の1つであることを理解した。

より深めるための推薦図書

箱田裕司・都築誉史・川畑秀明ら（2010）認知心理学．有斐閣．

河原純一郎・横澤一彦（2015）注意―選択と統合．勁草書房．
村上郁也編（2010）イラストレクチャー認知神経科学．オーム社．

文　献

Broadbent, D. E.（1958）*Perception and Communication*. Oxford University Press.

Conway, A. R. A., Cowan, N. & Bunting, M. F.（2001）The cocktail party phenomenon revisited: The importance of working memory capacity. *Psychonomic Bulletin & Review*, 8; 331-335.

Chua, H. F., Boland, J. E. & Nisbett, R. E.(2005)Cultural variation in eye movements during scene perception. *Proceedings of the National Academy of Sciences of the United States of America*, 102; 12629-12633.

Langton, S. R. H., Law, A. S., Burton, A. M. et al.(2008)Attention capture by faces. *Cognition*, 107; 330-342.

MacLeod, C., Mathews, A. & Tata, P.（1986）Attentional bias in emotional disorders. *Journal of Abnormal Psychology*, 95; 15-20.

Most, S., B. & Astur, R. S.（2007）Feature-based attentional set as a cause of traffic accidents. *Visual Cognition*, 15; 125-132.

Petersen, S. E. & Posner, M. I.（2012）The attention system of the human brain: 20 years after. *Annual Review of Neuroscience*, 35; 73-89.

Posner, M. I., Snyder, C. R. R. & Davidson, B. J.（1980）Attention and the detection of signals. *Journal of Experimental Psychology: General*, 109; 160-174.

Rensink, R. A.（2002）Change detection. *Annual Review of Psychology*, 53; 245-277.

Treisman, A. M. & Gelade, G.（1980）A feature-integration theory of attention. *Cognitive Psychology*, 12; 97-136.

Vogel, E. K., McCollough, A. W. & Machizawa, M. G.（2005）Neural measures reveal individual differences in controlling access to working memory. *Nature*, 438; 500-503.

第7章

記　　　憶

広瀬雄彦

Keywords　感覚記憶，短期記憶，長期記憶，ワーキングメモリ，処理水準説，符号化特定性原理，自伝的記憶，認知面接法，偽りの記憶，回復された記憶

Ⅰ　記憶の構造

1．マルチストアモデル

私たちは，外界の情報を取り入れ（記銘），一定期間覚えておき（保持），それを必要に応じて思い出す（想起）。この一連の心的過程やその内容を記憶という。この心的過程は，記銘に際して外界の情報を心内表現に変換する符号化（encoding），その結果を保持する貯蔵（storage），保持している内容を想起する検索（retrieval）という３つの段階からなる。

このような心的過程はどのような記憶システムのもとで行われているのだろうか。アトキンソンら（Atkinson et al., 1968）は，その後数十年にわたり記憶研究の基本的枠組みとなるマルチストアモデル（あるいは，二重貯蔵モデル）を提案し，この問いに答えた。そこでは，図１に示すように記憶の基本的構造として，感覚モダリティごとに素（未処理）の状態の情報をきわめて短時間保持する感覚登録器，容量の制限された短期貯蔵庫，長期にわたる情報を保持しほぼ無制限の容量をもつ長期貯蔵庫，という３つの構成要素を仮定している。さらに，このモデルでは，たんに記憶システムの構造だけでなく，システム内で行われる情報の制御についても言及されていた。外界の情報はまず感覚登録器にきわめて短時間保持され，そのうちの注意を向けられた一部の情報が短期貯蔵庫において処理される。さらに短期貯蔵庫の情報はリハーサルや符号化といった制御を受けることによって維持され，それらのうちの一部は長期貯蔵庫へと転送されると考えられた。このように，短期貯蔵庫は一時的な情報の保持に加えて，長期貯蔵庫への情報の流れの制御の役割も担っていると考えられたのである。なお，それぞれの貯

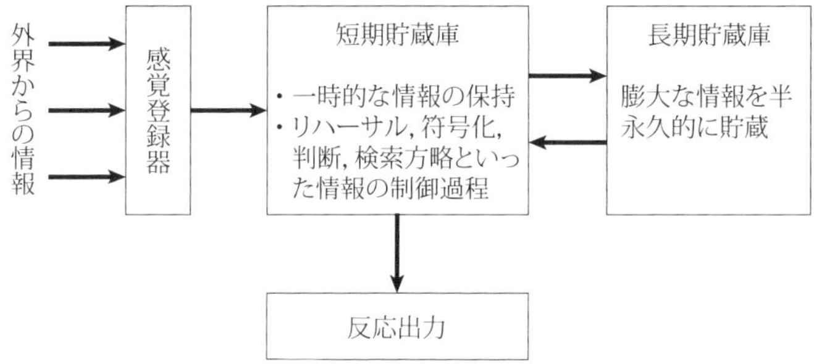

図1　マルチストアモデルの概略図（Atkinson et al., 1968 を改変）

蔵庫における記憶の内容は，感覚記憶（sensory memory），短期記憶（short-term memory），長期記憶（long-term memory）と呼ばれ，次に述べるような特徴をもつ。

2．感覚記憶

私たちの感覚器官にはたえず大量の情報が意識を伴うか否かにかかわらず入っており，それらの情報は後に行われるさらなる分析のために未処理のまま感覚記憶として非常に短時間保持される。そして注意を向けられた一部の情報はさらなる処理を受けて短期記憶として貯蔵される。感覚記憶では，大容量の情報（たとえば，Sperling, 1960）が，感覚モダリティごとに存在する。また，その持続時間はきわめて短く，視覚的な感覚記憶（iconic memory）の持続時間は約 500 ms から 1,500 ms 程度，聴覚的な感覚記憶（echoic memory）の場合，その持続時間は少し長く２秒から３秒程度とされている。

3．短期記憶

黒板やスクリーン上の言語情報をノートに書き写すとき，すぐに書かなかったり一度に多くの情報を覚えて書き写そうすると，うまくいかないことを私たちは経験から知っている。このように私たちは日常的に短期記憶の容量とその持続時間に関する特徴を経験している。

短期記憶の容量はメモリスパンテストによって測定され，材料の種類にかかわらず７±２（Miller, 1956）とかなり制限されている。ただ，この数は刺激の個数ではなくチャンク（情報のかたまり）の数であり，たとえば NHK という文字列の場合，文字数は３であるが１チャンクと数える。

また，ブラウンら（Brown, 1958; Peterson et al., 1959）はブラウン・ピーター

ソン・パラダイムと呼ばれるリハーサルをできなくする手続きを考案し，数秒から十数秒で短期記憶が消失することを明らかにした。すなわち，機械的に繰り返し唱えるといった維持リハーサルを行わなければ短期記憶は消失してしまうのである。ただし，この手続きによる短期記憶の消失にはリハーサルの有無だけでなく，以前の学習の影響（すなわち順向干渉）も関与するという指摘もある。

なお，リハーサルは短期記憶の維持のための維持リハーサルだけでなく，長期貯蔵庫への転送のためにも重要な役割を果たすと考えられた。そのような役割を果たす，短期記憶の情報を既知の情報と関連づけたり，意味づけたりするリハーサルは精緻化リハーサルと呼ばれる。

4．長期記憶

フルマラソンで走る距離はと問われ，42.195 km と答えるとき，私たちは長期記憶を利用している。長期記憶は半永久的で，無限といえるほど多くの量の情報を保持し，その種類も豊富である。「日本の首都が東京である」というような一般的な知識，あるいは「今年の８月に家のベランダから花火を見た」というようなエピソードから，自転車の乗り方まで多様な情報を長期記憶として貯蔵している。また，その内容が普段意識されることはないが，検索の結果として短期記憶となり一時的に意識される（フルマラソンの距離の質問を受けると，長期記憶から 42.195 という数字が検索されて短期記憶となり，意識される状態になる）とアトキンソンらは考えた。なお，長期記憶の詳細はⅤ節で述べる。

5．短期記憶と長期記憶の区別の根拠

スピアーズら（Spiers et al., 2001）は，健忘症患者に認められる記憶障害の多くが長期記憶に集中していることを報告している。一方，わずかではあるが短期記憶にだけ障害を受けた健忘症患者の症例も報告されている（たとえば，Shallice et al., 1970）。このような二重乖離（double dissociation）の存在は，長期記憶と短期記憶とを区別して考える１つの根拠となっている。

また，言語材料を用いた自由再生課題の結果得られる系列位置曲線も，短期記憶と長期記憶を区別することによって容易に説明できる。具体的には，20 前後の項目からなる刺激リストの各項目を継時呈示した後に最終自由再生を求めた場合，リストの先頭部や終末部の再生成績が優れる U 字型の系列位置曲線が得られる。このとき，先頭部の成績が優れることを初頭効果（primary effect），終末部の成績が優れることを新近性効果（recency effect）と呼ぶ。そして，リストの呈示後

に妨害課題を課すと，初頭効果に影響はないが新近性効果のみ消失する（Glanzer et al., 1966）ことが示されている。このような結果は，リストの先頭部の項目のように妨害課題の影響を受けない部分の記憶と，終末部のように妨害課題の影響を受ける部分の記憶に区別できることを意味していると考えられた。すなわち，前者はリハーサルによって長期記憶に転送されたが，後者は呈示されて間もないため短期記憶のままであったことにより妨害課題の影響を受けたと考えられたのである。ただし，長期新近性効果（Bjork et al., 1974）の存在は，このような説明に対して疑義を投げかけるものである。

II　ワーキングメモリモデル

1．ワーキングメモリ

ワーキングメモリ（working memory）とは，さまざまな課題の遂行中に一時的に必要となる記憶の機能（働き）・それを支えるメカニズム（仕組み）やシステム（構造）である（齋藤ら，2014）。短期記憶の考え方は，言語的情報を一時的に保持するという役割を果たすには十分であったが，認知課題遂行中の処理を担うという役割には不十分であった。そこで，バドリーら（Baddeley et al., 1974）は，言語理解や計算，問題解決などといった認知課題遂行中の処理とその処理のために必要となる情報の保持という２つの側面に注目して，短期記憶の概念をワーキングメモリに置き換えた。その後，このワーキングメモリの考え方は次第に改良が加えられ，現在ではかなり複雑になってきている。

現在のワーキングメモリモデルは図２に示すように音韻ループ（phonological loop），視空間スケッチパッド（visuo-spatial sketchpad），エピソード・バッファ（episodic buffer）という３つのサブシステムと，これらのサブシステムにおける情報の制御を司る中央実行系（central executive）という４つの要素から構成されている。

2．ワーキングメモリの構成要素

中央実行系は，ワーキングメモリシステムの中で中心的で重要な役割を担っている。とくに複雑な認知課題を遂行する場合，ワーキングメモリ内の情報の制御はこの中央実行系が担うとされている（Baddeley, 2012）。初期のワーキングメモリモデルにおける中央実行系の役割は曖昧なものであったが，近年，その機能が明確に提案されるようになった。たとえば三宅ら（Miyake et al., 2000）は，抑

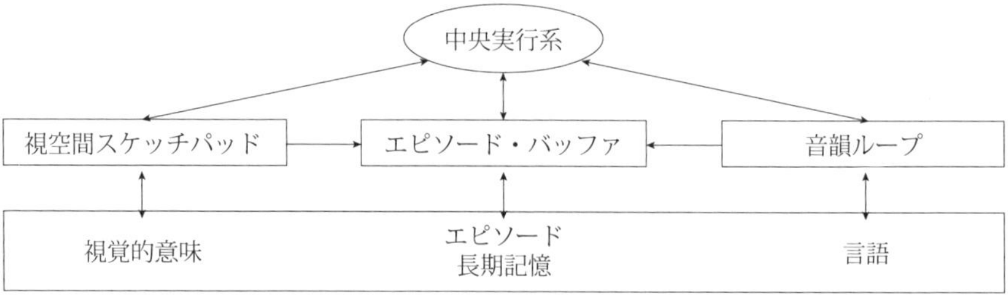

図２　ワーキングメモリモデル（Baddeley, 2000 より作成）

制，更新，切り替えという３つの機能を，バドリー（Baddeley, 1996）は，検索計画の切り替え，二重課題研究におけるタイムシェアリング，注意の対象の切り替え，長期記憶の一時的な活性化の４つの機能を，その役割として提案している。

音韻ループは音韻ストアと構音リハーサルという２つの成分をもち，音韻ストアは音韻情報を短時間保持する貯蔵庫としての役割を担い，構音リハーサルは視覚情報を音韻情報に変換して音韻ストアに保持する役割や，リハーサルを制御して音韻ストアに情報を保持する役割を担う。

視空間スケッチパッドは，視覚的あるいは空間的情報を一時的に保持したり操作したりする働きを担っている。ロジー（Logie, 1995）は，視空間スケッチパッドは，視覚キャッシュと内的スクライブという２つのコンポーネントからなると考え，前者は視覚的情報（形や色）を一時的に保持するコンポーネント，後者は空間的情報や運動情報の保持や，視覚キャッシュの情報のリハーサルや中央実行系への転送に関わるコンポーネントであるとした。

後に追加されたエピソード・バッファ（Baddeley, 2000）は，さまざまな異なるタイプの情報（たとえば，言語的情報と視覚的情報）を統合し，またワーキングメモリの構成要素同士あるいは長期記憶からの情報や知覚入力情報を統合させる。エピソード・バッファが追加される前は，中央実行系，音韻ループと視空間スケッチパッド，および長期記憶からの情報はお互いに別々で，それらの情報を結合するという視点がなかったが，これが追加されたことによってその視点が加わることとなった。

３．ワーキングメモリの容量

ワーキングメモリの容量は，人が処理と貯蔵を同時に行うことができる情報量である。この容量の多寡は，認知処理課題の遂行成績に反映されると考えることができる。

デーンマンら（Daneman et al., 1980）は，ワーキングメモリの容量を測定する課題として，リーディングスパンテスト（RST）を開発した。RST において参加者は 1 文ずつ呈示される文を音読し，すべての文を音読した後に各文の最後の単語を再生するよう求められる。音読する文の数は 2 文条件から 5 文条件へと 1 文ずつ増え，それに従って再生しなければならない単語の数も増える。そして，最後の単語を正しく再生できた最大の文の数をその人のリーディングスパンと呼び，これが個人のワーキングメモリの容量を反映しているとした（なお，日本語版リーディングスパンテストについては，苧阪（2002）を参照のこと）。

そして，上記の方法で得た個人のリーディングスパンと読解能力との相関を検討した結果，リーディングスパンと内容理解との間に .72，代名詞の指示対象の理解との間に .90 という有意な高い相関を得た。さらに，ワーキングメモリ容量は，知能（とくに，流動性知能）との間に，あるいは実行機能や注意制御との間に関係があることも示されている。なお，ワーキングメモリ容量はリーディングスパン以外にも操作スパン（operation span）などでも測定されている。

III　処理水準説

クレイクら（Craik et al., 1972）は，長期記憶における情報の保持にとって学習時の処理が重要であると考え，処理水準説（levels of processing theory）を提唱した。入力刺激の処理にはさまざまな水準（たとえば，浅い物理的分析から深い意味的分析まで）があり，刺激に対する処理の水準が長期記憶に大きな影響をもつと考えられた。そして，深い水準の処理は浅い水準の処理より，精緻化され，長期間持続する強固な記憶痕跡を形成すると考えられた。

上記の考え方を支持する実験は数多くある。たとえば，クレイクら（Craik et al., 1975）の実験では，後に記憶テストが行われることを告げずに，単語とその単語に対する課題としての質問文を参加者に呈示した（すなわち，偶発学習事態であった）。単語が大文字（あるいは，小文字）で表記されているかを尋ねる質問に答えた場合は浅い形態的処理を，単語がある単語と韻を踏んでいるかを尋ねる質問に答えた場合はやや深い音韻的処理を，そして単語がある文の空欄にあてはまるかを尋ねる質問に答えた場合は深い意味的処理を，それぞれ学習時に行ったと見なされた。その後に行われた再認判断では，深い処理課題を行った場合は浅い処理課題に比べて再認成績が 3 倍以上優れており，中程度の深さの場合はそれらの中間程度であった。

さらに，彼らは処理の深さに加えて特定の処理の量も重要であることを示した。ある単語（たとえば，旅行）が単純な文（たとえば，「私は（　　）に行った」）の（　　）にあてはまるかどうかを答えるよりも，同じ単語が複雑な文（たとえば，「私は休暇を取って，仲の良い友人と（　　）に行った」）の（　　）にあてはまるかどうか答えた方が，後の手がかり再生の成績が優れていることを示した。

ただし，記銘された情報が想起されるのは，学習時とテスト時の処理に関連性がある場合であるとする報告もある。モリスら（Morris et al., 1977）の提唱した転移適切性処理理論（transfer-appropriate processing theory）である。学習時にどのような学習をするかによって刺激から得る情報は異なり，その情報と関連する記憶テストであれば想起されやすい。そのため，標準的な再認テスト以外の記憶テスト（たとえば，保持された意味的情報が記憶テストの要求と適合しない）の場合には，処理水準の効果が認められないこともある。なお，転移適切性処理理論と類似するものとして次節で述べる符号化特定性原理がある。

Ⅳ　長期記憶からの忘却

１．忘却の理論

エビングハウス（Ebbinghaus, 1885/1913）は，自分自身を参加者として無意味綴りリストを学習し，さまざまな保持時間の後に再生と再学習を行った。そして再学習に要した試行数が最初の学習に要した試行数と比べて，どの程度少なくて済んだかという節約率を算出し，それを忘却の指標とした。いわゆる節約法（saving method）と呼ばれる方法である。この研究の結果得られた忘却曲線では，はじめの数時間に急速に忘却が生じ，その後は穏やかに忘却が進行するという対数関数的なものであった。

これは言語材料を用いた顕在記憶課題における忘却の研究であったが，その後もさまざまな材料を用いてさまざまな記憶の忘却についての研究が行われ，さまざまな忘却の理論が生まれた。その中で最も単純なものは，時間の経過とともに記憶痕跡がしだいに消失する減衰（decay）という考え方であるが，それ以外にも複数の原因が忘却に関与すると考えられてきた。ここでは，干渉，抑圧，動機づけられた忘却，手がかり依存忘却を紹介する。

２．干　　渉

学習したものの記憶がそれ以前に生じた学習によって妨害される（順向干渉：

proactive interference），あるいは学習の後に生じた新たな学習によって妨害される（逆向干渉：retroactive interference）ことがある。このように干渉理論では忘却を２種類の干渉によって説明している。具体的には，A－Bの対連合を学習した後，A－Cの対連合を学習し，最後にAを手がかりとしてCの再生を求められるような場合に生じるもの（すなわち，間違ってBを再生してしまう）が順向干渉，A－Bの対連合を学習した後，A－Cの連合を学習し，最後にAを手がかりとしてBの再生を求められるような場合に生じるもの（すなわち，間違ってCを再生してしまう）のが逆向干渉である。

3．抑　　圧

自分自身を脅かす記憶やトラウマ的な記憶の忘却は，それらが意識の外に追いやられて想起できなくなることによって生じるとフロイト Freud, S. は考え，抑圧（repression）による忘却と呼んだ。抑圧が無意識に行われるのか否かについては明確ではないが，抑圧が忘却の原因となるという考え方は，幼児期の虐待についての記憶を回復した成人の存在によって支持されている。

ただ，セラピー中に回復した記憶の信憑性に関しては疑義を呈する研究もある。たとえば，ゲラーツら（Geraerts et al., 2007）は，子どもの頃に性的虐待を受けたという回復された記憶をもつ成人を，その記憶をセラピーの過程で回復した群，セラピーの以外の場で回復した群，虐待の記憶をもち続けていた群に分類した。そして，各群において回復された記憶を補強する証拠がどの程度存在するか検討した。その結果，記憶を補強する証拠が存在した割合は，虐待の記憶をもち続けていた群では45%，セラピー外で回復した群では37%であったのに対し，セラピー内で回復した群では0%であった。

4．動機づけられた忘却

トラウマ的な記憶や古びたあるいは不要になった記憶は，意図的に忘却することが適応的である。たとえば，嫌な出来事は忘れたいし，変更になった予定は更新する必要がある。ここでは，能動的な忘却の可能性を示すものとして，指示忘却と意図的抑制を取り上げる。

①指示忘却

指示忘却は，学習時に呈示された項目を忘却するよう教示することによって長期記憶から消失させることを指す。この指示忘却の実験手続きには，項目法とリスト法がある。項目法では，学習時に複数の項目を1つずつ呈示し，各項目の呈示ごとに「覚えてください」か「忘れてください」という教示を呈示する。最後に，呈示されたすべての項目の再生を求めると，忘却を指示した項目の再生成績は悪くなる。一方，リスト法では2つの学習リストを用いる。参加者は第1リストの学習後にそれらを忘れるよう教示され，続いて第2リストを学習する忘却群と，第1リストの学習後にそれらを記銘しておくよう教示され，続いて第2リストを学習する記銘群に二分される。すると，忘却群の自由再生の成績は記銘群に比べて第1リストの成績は悪く，第2リストの成績は優れていた。この現象は，忘却の指示によってその項目のリハーサルをしなくなる，あるいは何らかの抑制プロセスが関与するため生じると考えられている。

②意図的抑制

アンダーソンら（Anderson et al., 2001）は，意図的な記憶の抑制の可否を検討できるthink/no-thinkパラダイムを開発した。この手法は3つの段階からなり，参加者は手がかり語とターゲット語のペアを学習（第1段階）した後，手がかり語が呈示され，その手がかり語からターゲット語を再生するか（think），ターゲット語を意識しないようにするか（no-think）のいずれかを0回，1回，8回，16回繰り返して求められる（第2段階）。そして最後に手がかり語からターゲット語を再生するよう求められる（第3段階）というものである。結果より，think条件はno-think条件より手がかり再生の成績が優れ，第2段階で再生も抑制もしない0回条件（ベースライン条件）はそれらの中間の成績であった。つまり，望まない記憶を意図的に抑制できたことになる。

5．手がかり依存忘却

記銘された情報が記臆内に貯蔵されてはいるが，その情報にアクセスできない，あるいはその情報を検索できないことによって生じる，思い出せないという現象が手がかり依存忘却（cue-dependent forgetting）である。これは適切な検索手がかりが欠如したために生じる忘却であるといえる。

これに関連した考え方として，「ターゲットが正しく検索される可能性は，検索時に提示された情報と記憶に貯蔵された情報のオーバーラップの単純増加関数である」（Tulving, 1979）という符号化特定性原理（encoding specificity principle）がある。これに従えば，人はある情報を貯蔵するときに文脈も同時に記憶するため，学習時の文脈と検索時の文脈が同じであると再生成績は良くなる。しかし，

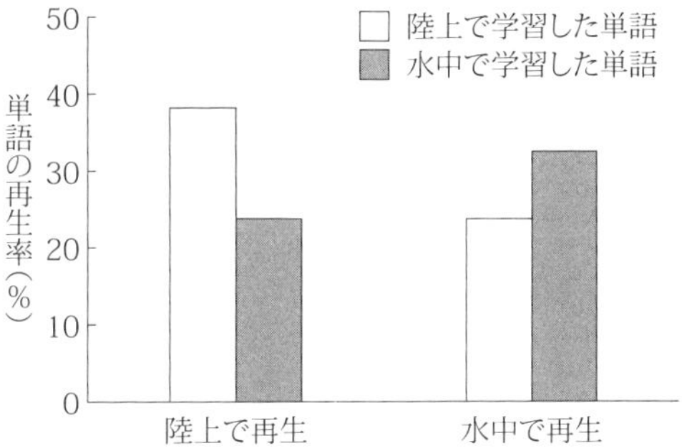

図3　学習時の文脈と再生時の文脈が再生成績に及ぼす効果（Godden et al., 1975 より作成）

記憶された情報と検索時に利用可能な情報との一致度が低いと検索時の手がかりが欠如しがちになり再生成績が悪くなると考えられる。

トムソンら（Thomson et al., 1970）は，テスト時と学習時で呈示される手がかりが一致しているとき，記憶成績が最も良くなることを示したが，バドリー（Baddeley, 1982）は，再生と再認では文脈からの影響の受け方が異なると主張した。たとえば，ゴデンら（Godden et al., 1975）は，参加者に陸上か水中 20 フィートかどちらか一方の学習条件で単語リストを学習させたのち，陸上か水中かどちらか一方のテスト条件で自由再生を課した。その結果，水中で学習した参加者は水中でテストされた場合に，陸上で学習した参加者は陸上でテストされた場合に高い再生成績を示した（図 3）。しかし，再認テストでは，そのような効果は認められなかった（Godden et al., 1980）。つまり，再生は本質的な文脈と本質的でない文脈のどちらの影響も受けるが，再認は本質的な文脈のみの影響を受けるというのである。

また，ここでいう文脈手がかりは外的なものであったが，学習者の内的な状態でも同様の効果が示されている。たとえば，学習時と検索時の気分状態が同じときに忘却されにくいという気分状態依存効果（mood-state-dependent memory effect）や，アルコール摂取の影響のような状態依存効果（state-dependent memory effect）である。これらはいずれも，学習時と検索時の内的状態が同じときに忘却されにくいという現象である。

V　長期記憶システム

すでに述べたように，長期記憶にはさまざまな種類の情報が貯蔵されており，単一の記憶システムからなるとは考えにくいという考え方がある。このような考え方では，長期記憶をまず事実や出来事についての記憶である宣言的記憶と，言葉での表現が困難であり行動によって示されるような非宣言的記憶に区分している。

さらに，宣言的記憶は意味記憶とエピソード記憶に区分される。意味記憶は，一般的知識（たとえば，日本で最も高い山は富士山である）の記憶からなり，エピソード記憶は，個人が特定の時間に特定の場所で経験した特定の出来事（たとえば，今日京都駅で友人に出会った）の記憶からなる。これらはいずれも意識的な想起が関与する顕在記憶といえる。一方，非宣言的記憶は意識的な想起を必要としない潜在記憶であり，代表的なものに手続き記憶がある。これは，自転車の乗り方のような技能の記憶あるいはやり方に関する記憶である。シャクターら（Schacter et al., 1994）は，宣言的記憶を意味記憶とエピソード記憶に，非宣言的記憶を知覚表象システムと手続き記憶に区分して考えた。また，スクワイア（Squire, 2004）は，宣言的記憶を意味記憶とエピソード記憶に，非宣言的記憶を手続き記憶，プライミングと知覚学習，古典的条件づけ，そして非連合学習に区分した。

Ⅵ　顕在記憶と潜在記憶

多くの記憶研究は，再認テストや再生テストによって明らかになる想起意識を伴う記憶，すなわち顕在記憶を取り扱っている。しかし，前述の手続き記憶は意識的な想起を必要としない記憶である。自転車の乗り方のような手続き記憶は，自転車を目の前にして乗ろうとしたときに，あるいはサドルにまたがったときに明らかになるのである。このような想起意識を伴わない記憶，あるいは遂行することを通じて明らかになる記憶は潜在記憶と呼ばれる。また，この記憶の形態は，ある刺激の処理がそれに関連する刺激の先行呈示による影響を受けるプライミングにおいても見られる。イヌの絵を瞬間呈示された場合，類似の刺激が以前に呈示されていればその刺激の同定が容易になる。

また，顕在記憶と潜在記憶では，健忘症による影響や加齢による影響の出方において異なることが示されてきた。たとえば，グラフら（Graf et al., 1984）は，健忘症患者はそうでない参加者群に比べて顕在記憶課題（自由再生，手がかり再生，再認）の成績は悪いが，潜在記憶課題では差がないことを明らかにしている。また，シューゲンズら（Schugens et al., 1997）は，再認は再生に比べて加齢の影響は受けにくいものの，一般にこれらの顕在記憶課題は加齢の影響を受けやすく，一方知覚技能習得課題のような潜在記憶課題は比較的加齢の影響を受けにくいことを明らかにしている。さらに，潜在記憶課題では，刺激の物理的特性の影響を受けやすいことや持続時間の長いことが知られている。

Ⅶ　日常記憶

これまで紹介してきた記憶に関する知見は，記憶の基本的メカニズムに関するものであり，主に実験室における十分に統制された研究によって明らかにされてきたものである。しかし，そのような研究は，日常生活における記憶とは乖離しており生態学的妥当性が低い。一方，ここで取り上げる，自伝的記憶（autobiographical memory），目撃証言，偽りの記憶といった日常記憶は，日々の生活の中で私たちが用いたり経験したりする記憶に関するものであり，この領域の研究は 1980 年前後から急激に増加してきた。

1．自伝的記憶

①自伝的記憶とは

自伝的記憶とは，それを想起する個人にとって重要な出来事に関する記憶，あるいは過去の自己に関わる情報の記憶（佐藤, 2008）である。とくに前者の捉え方は，自伝的記憶とエピソード記憶の違いを意識したものであり，個人が経験した出来事の記憶という点でそれらは共通しているが，個人にとっての重要度においては大きく異なるとするものである。自伝的記憶に関する研究は，たんに認知心理学の枠組み内に留まらず，臨床心理学や発達心理学などさまざまな領域において研究されている。たとえば，うつ病患者が想起する概括化された自伝的記憶の研究（たとえば，Williams, 1996）などはその一例である。

②人生にわたる自伝的記憶の量

高齢者が自伝的記憶を想起した場合，人生のさまざまな時点での出来事が同じような量だけ想起されるのではない。想起された出来事について，その出来事を経験した年齢ごとに集計し人生にわたる自伝的記憶の検索量を求めると，おおよそ図 4 のようになり，そこには次の 3 つの特徴を見出すことができる。第 1 は，生後 3 年間の記憶はほぼ欠落しているという幼児期健忘（childhood amnesia）であり，第 2 は，10 歳から 30 歳（とりわけ 15 歳から 25 歳）において想起数が

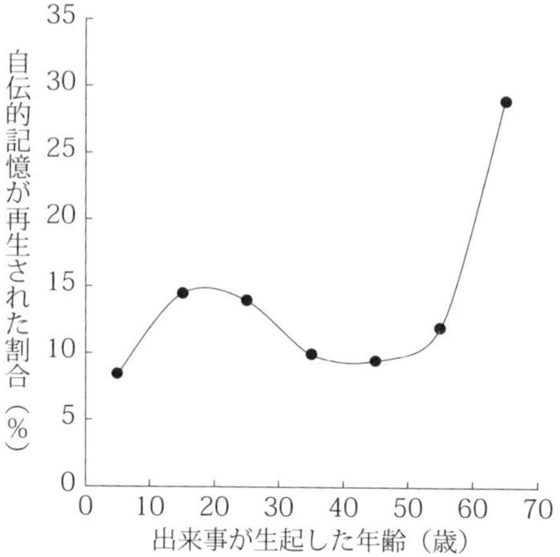

図４　自伝的記憶のライフスパン検索分布（Rubin et al., 1997 より作成）

際立っているというレミニセンス・バンプ（reminiscence bump），第３は，想起時に近い時期ほど想起数が多いという新近性である。

幼児期健忘の原因としては，神経組織の未成熟，自己概念の未発達，言語の未発達などが指摘されている。ただ，これらの考えを支持する根拠はあくまでも相関的なものであり，十分な根拠があるとは言い難い。レミニセンス・バンプの原因としては，自伝的記憶がライフ・スクリプトに基づいて検索されることによるという考えがある（Rubin et al., 2003)。ライフ・スクリプトとは，受験，恋愛，結婚，就職，子どもの誕生などの人生にとって重要なライフ・イベントのそれぞれが，人生のどの時期に生起するかという一般的な捉え方である。そして，レミニセンス・バンプが認められる時期には，それらの重要なライフ・イベントが他の時期に比べて密に生起する。そのため結果的に想起される出来事の数が多くなるというのである。なお，レミニセンス・バンプを構成する自伝的記憶の多くはポジティブなものからなっていることも明らかになっている（Berntsen et al., 2011)。新近性については，かなり以前に生じた出来事の記憶は忘却される可能性が高まることによって説明できるであろう。

２．目撃証言

目撃証言は，法廷において他に有力な証拠が存在しない場合，被疑者を有罪にするうえで重要な役割を果たす。しかしその一方で，目撃者の記憶は不正確であることを多くの研究は示している。たとえば，目撃記憶は確証バイアスの影響を受ける。すなわち，出来事の記憶が目撃者の期待の影響を受けるのである。さらに，ロフタスら（Loftus et al., 1974）が示したように目撃後に接した事後情報の影響も受ける。誤情報効果（misinformation effect）あるいは事後情報効果（post-event information effect）として知られている現象である。

彼女らは複数の自動車が関連する事故の動画を見せた後，全参加者に事故についての記述を求めた。次に参加者に自動車の速度の見積もりを質問したが，そのときに「自動車が激突した（smashed）とき，どのぐらいの速度で走行していたか」と質問される参加者もいれば，動詞の部分だけ「当たった（hit）」など別の動詞に入れ替えて質問される参加者，および追加の質問はされない参加者もいた。すると，参加者の答えた速度の見積もりは，質問文に用いられた動詞によって異なっていた。さらに，1 週間後にすべての参加者に対して「窓ガラスが割れていたのを見ましたか」という質問を行ったところ（実際の映像では割れていない），「激突した」速度の見積もりを求められた参加者の約 32％が「見た」と答えた。しかし，「当たった」速度の見積もりを求められた参加者の約 14％，速度の見積もりを求められなかった参加者の約 12％しか「見た」と答えなかった。すなわち，目撃後に与えられた情報によって事故の記憶の想起が異なることを示している。

上記のように，目撃証言の内容を誤る場合もあれば，内容は正しいが情報源を誤る場合もある。いつ，どこで，どこから，その情報を得たのかというソース・モニタリングの誤りも，目撃証言の誤りに関与するのである。

いずれにせよ，目撃証言においてできるだけ正しい内容を再生させ誤った内容の再生を抑えることは，冤罪を防ぐうえで必要不可欠である。そのための手法の 1 つとして認知面接法（cognitive interview）が開発されている（Geiselman et al., 1985）。そして，その効果を検討した結果から，この手法では正しい内容を再生させる効果は高い（Köhnken et al., 1999）ことが明らかになっている。ただ，誤った内容の再生をわずかではあるが増加させるという欠点もあるようである。

3．偽りの記憶

記憶のパフォーマンスの低下は，すでに述べたような忘却という形で現れるだけではなく，偽りの記憶という形でも現れる。すなわち，実際に起こったものではないにもかかわらず，その事象の記憶が存在することがある。

出来事の記憶が必ずしも実際に起こったものであるとは限らないことを示すために，ロフタスら（Loftus et al., 1995）は参加者に対し，実際に起こった出来事に,「ショッピングモールで迷子になった」という実際には起こっていない出来事をつけ加えて，それらのエピソードの詳細を思い出すよう求めた。その結果，25％の参加者が実際には起こっていない出来事の詳細を報告した。これは，実際には生じていない出来事に関して，私たちは詳細な記憶をある程度の確信をもって報告する可能性があることを示唆している。

また，実験室において偽りの記憶を研究する手法としては，ディーズ（Deese, 1959）の発見に基づいて開発されたDRMパラダイム（Roediger et al., 2000）がある。この手法では，参加者に学習させる単語リストを作成するにあたり，そのリストにはないがそのリストのどの単語からも連想される単語（ルアー語）が存在するようにする。その上で，単語リストを学習させ，ルアー語が再生されたり，再認されたりする程度を検討するのである。このような偽りの記憶が生起する原因として，ソース・モニタリングの失敗によるもの，検索誘導性忘却によるものなど複数挙げられている。

◆学習チェック
- □　マルチストアモデルについて理解した。
- □　短期記憶とワーキングメモリの考え方の違いについて理解した。
- □　忘却の原因について理解した。
- □　自伝的記憶の想起の特徴について理解した。
- □　想起された記憶の不正確さについて理解した。

より深めるための推薦図書

太田信夫・厳島行雄編著（2011）現代の認知心理学2 記憶と日常．北大路書房．

佐藤浩一・下島裕美・越智啓太編著（2008）自伝的記憶の心理学．北大路書房．

箱田裕司・都築誉史・川畑秀明ら（2010）認知心理学．有斐閣．

湯澤正通・湯澤美紀編著（2014）ワーキングメモリと教育．北大路書房．

文　　献

Anderson, M. C. & Green, C.(2001) Suppressing unwanted memories by executive control. *Nature*, 410; 366-369.

Atkinson, R. C. & Shiffrin, R. M.（1968）Human memory: A proposed system and its control processes. In: K. W. Spence & J. T. Spence (Eds.): *The Psychology of Learning and Motivation, Vol. 2.* Academic Press, pp. 89-195.

Baddeley, A. D.（1982）Domains of recollection. *Psychological Review*, 89; 708-729.

Baddeley, A. D.(1996) Exploring the central executive. *Quarterly Journal of Experimental Psychology*, 49A; 5-28.

Baddeley, A. D.（2000）The episodic buffer: A new component of working memory? *Trends in Cognitive Sciences*, 4; 417-423.

Baddeley, A. D. (2012) Working memory: Theories, models, and controversies. *Annual Review of Psychology*, 63; 1-29.

Baddeley, A. D. & Hitch, G. J. (1974) Working memory. In: G. H. Bower (Ed.): *Recent Advances in Learning and Motivation, Vol. 8*. New Academic Press, pp. 47-89.

Berntsen, D., Rubin, D. C. & Siegler, I. C.(2011)Two different versions of life: Emotionally negative and positive life events have different roles in the organization of life story and identity. *Emotion*, 11: 1190-1201.

Bjork, R. A. & Whitten, W. B.(1974)Recency-sensitive retrieval processes in long-term free recall. *Cognitive Psychology*, 6; 173-189.

Brown, J. (1958) Some tests of the decay theory of immediate memory. *Quarterly Journal of Experimental Psychology*, 10; 12-21.

Craik, F. I. M. & Lockhart, R. S. (1972) Levels of processing: A framework for memory research. *Journal of Verbal Learning and Verbal Behavior*, 11; 671-684.

Craik, F. I. M. & Tulving, E. (1975) Depth of processing and the retention of words in episodic memory. *Journal of Experimental Psychology: General*, 104; 268-294.

Daneman, M. & Carpenter, P. A. (1980) Individual differences in working memory and reading. *Journal of Verbal Learning and Verbal Behavior*, 19; 450-466.

Deese, J. (1959) On the prediction of occurrence of particular verbal intrusions in immediate recall. *Journal of Experimental Psychology*, 58; 17-22.

Ebbinghaus, H. (1913) *Memory: A Contribution to Experimental Psychology*. Teachers College, Columbia University. (Original work published 1885)

Geiselman, R. E., Fisher, R. P., MacKinnon, D. P. et al. (1985) Eyewitness memory enhancement in the police interview: Cognitive retrieval mnemonics versus hypnosis. *Journal of Applied Psychology*, 70; 401-412.

Geraerts, E., Schooler, J. W., Merckelbach, H. et al. (2007) Corroborating continuous and discontinuous memories of childhood sexual abuse. *Psychological Science*, 18; 564-568.

Glanzer, M. & Cunitz, A. R. (1966) Two storage mechanisms in free recall. *Journal of Verbal Learning and Verbal Behavior*, 5; 351-360.

Godden, D. R. & Baddeley, A. D.(1975)Context-dependent memory in two natural environments: On land and underwater. *British Journal of Psychology*, 66; 325-331.

Godden, D. R. & Baddeley, A. D.(1980)When does context influence recognition memory? *British Journal of Psychology*, 71; 99-104.

Graf, P., Squire, L. R. & Mandler, G. (1984) The information that amnesic patients do not forget. *Journal of Experimental Psychology: Learning, Memory, & Cognition*, 10; 164-178.

Köhnken, G., Milne, R., Memon, A. et al.(1999)The cognitive interview: A meta-analysis. *Psychology Crime and Law*, 5; 3-27.

Loftus, E. F. & Palmer, J. C. (1974) Reconstruction of automobile destruction: An example of the interaction between language and memory. *Journal of Verbal Learning and Verbal Behavior*, 13; 585-589.

Loftus, E. F. & Pickrell, J. E.(1995)The formation of false memories. *Psychiatric Annals*, 25; 720-725.

Logie, R. H. (1995) *Visuo-spatial Working Memory*. Erlbaum.

Miller, G. A. (1956) The magic number seven, plus or minus two: Some limits on our capacity for processing information. *Psychological Review*, 63; 81-93.

Miyake, A., Friedman, N. P., Emerson, M. J. et al. (2000) The unity and diversity of executive functions and their contributions to complex “frontal lobe” tasks: A latent variable analysis. *Cognitive Psychology*, 41; 49-100.

Morris, C. D., Bransford, J. D. & Franks, J. J.（1977）Levels of processing versus transfer appropriate processing. *Journal of Verbal Learning and Verbal Behavior*, 16; 519-533.

苧阪満里子（2002）脳のメモ帳 ワーキングメモリ．新曜社．

Peterson, L. R. & Peterson, M. J.（1959）Short-term retention of individual verbal items. *Journal of Experimental Psychology*, 58; 193-198.

Roediger, H. L. & McDermott, K. B.（2000）Distortions of memory. In: E. Tulving & F. I. M. Craik (Eds.): *The Oxford Handbook of Memory*. Oxford University Press, pp. 149-164.

Rubin, D. C. & Berntsen, D.（2003）Life scripts help to maintain autobiographical memories of highly positive, but not negative, events. *Memory & Cognition*, 31; 1-14.

Rubin, D. C. & Schulkind, M. D.（1997）The distribution of autobiographical memories across the lifespan. *Memory & Cognition*, 25; 859-866.

齊藤智・三宅晶（2014）ワーキングメモリ理論とその教育的応用．In：湯澤正通・湯澤美紀編著：ワーキングメモリと教育．北大路書房，pp. 3-25.

佐藤浩一（2008）自伝的記憶研究の方法と収束的妥当性．In：佐藤浩一・越智啓太・下島裕美編著：自伝的記憶の心理学．北大路書房，pp. 2-18.

Schacter, D. L. & Tulving, E.（1994）What are the memory system of 1994? In: D. L. Schacter & E. Tulving (Eds.): *Memory System*. MIT Press, pp. 1-38.

Schugens, M. M., Daum, I., Spindler, M. et al.（1997）Differential effects of aging on explicit and implicit memory. *Aging, Neuropsychology, and Cognition*, 4; 33-44.

Shallice, T. & Warrington, E. K.（1970）Independent functioning of verbal memory stores: A neuropsychological study. *Quarterly Journal of Experimental Psychology*, 22: 261-273.

Sperling, G.（1960）The information that is available in brief visual presentations. *Psychological Monographs: General and Applied*, 74; 1-29.

Spiers, H. J., Maguire, E. A. & Burgess, N.（2001）Hippocampal amnesia. *Neurocase*, 7; 357-382.

Squire, L. R.（2004）Memory systems of the brain: A brief history and current perspective. *Neurobiology of Learning and Memory*, 82; 171-177.

Thomson, D. M. & Tulving, E.（1970）Associative encoding and retrieval: Weak and strong cues. *Journal of Experimental Psychology*, 86; 255-262.

Williams, J. M. G.（1996）Depression and the specificity of autobiographical memory. In: D. C. Rubin (Ed.): *Remembering Our Past*. Cambridge University Press, pp. 244-267.

第8章

知識の表象と構造

改田明子

Keywords　宣言的知識，手続き的知識，スキーマ，スクリプト，プロトタイプモデル，理論ベースモデル

知識とは，人が環境と相互作用した結果として人の中に蓄積された環境に関する情報であり，人が環境世界について知っていることのすべてを含む。人の中に蓄えられている知識の量は膨大であり，巨大な図書館にたとえることができる。図書館の中にある書物が存在していても，適切に分類・整理されていなければ検索することができず，利用することはできない。同様に，人の知識も体系的な整理や構造化がなされてはじめて有用なものとなる。

知識は記憶の中に蓄えられるが，環境世界と対応関係にある心的形式を表象（representation）と呼ぶ。つまり，世界の中にあるさまざまなものや事柄についての知識は，表象として人の記憶の中に成立している。また，一般に多様な事象の集合は一般化の過程を経て共通の表象に結びついており，そのような知識の表象は概念と呼ばれる。この本章では，このような知識の表象についての心理学理論と知見を概観する。

I　宣言的知識と手続き的知識

知識は，宣言的知識（declarative knowledge）と手続き的知識（procedural knowledge）に分類することができる。

宣言的知識は，事実に関する知識であり，「リンゴは果物である」というような形式で通常命題によって表現することができ，世界について私たちが知っており，必要に応じて判断や推論に利用することができる知識である。意味ネットワークモデル（semantic network model；Collins et al., 1969）は，このような宣言的知識の表象に関する初期のモデルである（図 1)。意味ネットワークでは，個々の概念に対応する表象がノードとして表現され，その概念に特性が結びついてお

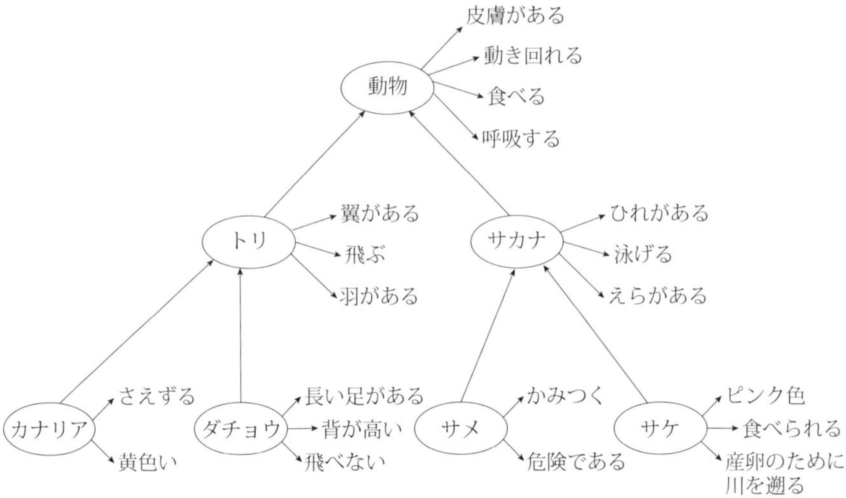

図１　意味ネットワークモデル（Collins et al.,1969）

り，概念の階層的な関係が各ノード間のリンクによる連結によって表現されている。このモデルでは，「カナリアは飛ぶ」といった文の真偽判断をする際に，ノード「カナリア」から「トリ」へのリンクをたどり，トリに結びついている「飛ぶ」という特性に到達して知識を利用し，判断することができる。このネットワークにおいては,「カナリア」ノードに「飛ぶ」という特性を結びつけて貯蔵しなくとも，ネットワークを通じて「カナリア」の上位概念である「トリ」に結びついた「飛ぶ」に到達することができる。実際に,「カナリアは皮膚がある」「カナリアは飛ぶ」といった文の真偽判断課題において，判断する述語（特性）の階層水準が主語から離れるほど反応時間が長くなるという実験結果から，意味ネットワークモデルの妥当性が示唆されている。

なお，このモデルは,「ハトはトリである」の方が「ダチョウはトリである」よりも処理時間が短いというように，介在するリンクの数が同じであっても処理時間に違いがあるなどの否定的な実験結果を受けて，より柔軟な処理に対応可能な活性化拡散モデル（spreading activation theory）に拡張された（Collins et al., 1975)。活性化拡散モデルでは，意味ネットワークにおける概念を連結する個々のリンクには連結された２つの概念の意味的関連度に応じて固有の強度があり，ある概念が活性化されるならばその概念からリンクの強度に応じて活性化が拡散し，関連する概念も強度に応じた水準で活性化し，時間経過とともに活性化は減衰すると考えられている。また，ある概念の活性化の水準は，複数のリンクからの活性化の総和によって決まり，活性化の水準が閾値を超えたときにその概念は利用可能となり，課題の判断過程に進むことになる。これによると，上記例の処理時間の違いは,「ハトとトリ」のリンク強度が「ダチョウとトリ」よりも強いことによると説明できる。活性化拡散モデルは，意味的プライミング効果などの現象をよく説明できるため，広く支持されている。

一方，手続き的知識は，ボールを投げる，文字を書く，楽器を演奏する，といったさまざまな認知技能を実行するときのやり方に関する知識である。やり方は，一連の行為の系列によって構成され，言語化することが困難な知識でもある。手続き的知識は，プロダクション・システム（production system）と呼ばれるモデルによって表現することができる（Newell et al., 1972）。そこでは,「もし…ならば，～せよ」というルールの集合がプロダクション記憶として蓄積されており，現在の状態に関するワーキングメモリ内の情報が条件部（「もし…ならば」）と照合され，合致するプロダクション（「～せよ」）すなわち行為が実行される。プロダクションの実行により状態が変化し，次のプロダクションの実行につながるという仕組みでひとまとまりの認知技能が達成される。このようなプロダクション・システムを基本とする人の認知活動に関わるモデルは, ACT（Adaptive Control of Thought），ACT*，ACT-R といった包括的モデルに展開されている。

II　スキーマとスクリプト

知識は，記憶や理解といった人の認知過程に組み込まれて機能する。知識はその時点で直面している状況を理解するための枠組みとして働く。これは，知識に基づくトップダウン型処理もしくは概念駆動型処理と呼ばれる過程であり，その状況の中でふさわしい情報に対する予期や期待が成立し，期待に沿った体験が構築されていく。ここでは，このような過程に関わる知識の表象のモデルを紹介する。

1. スキーマとは

①バートレットの研究

バートレット（Bartlett, 1932）は，知識が人の認知活動に影響することを最も早く捉えていた研究者である。彼は，物語や絵などの有意味材料を用いて記憶の研究を行い, のちにスキーマ（schema）の概念につながる現象を見出した。そこで用いられたインディアンの物語は，イギリス文化にはなじみがなく，合理的に説明できない要素を含んでいる。実験では，イギリスの近代的文化圏で生活する実験協力者がこの物語を読み，時間をおいて繰り返しその物語を再生した。再生された内容には，インディアンの物語から矛盾する事柄が取り除かれ，単純化し，より筋が通って理解しやすいという特徴があった。このような記憶の変容は，それまでの文化に根差した生活経験を通じて蓄積された知識が，記憶の過程において重要な働きを果たしており，記憶はたんなる機械的な情報の貯蔵ではなく人がそれまでの生活経験から身につけた知識と整合するように能動的に構成される過程であることが示唆された。そして，そのように働く知識はスキーマと呼ばれた。

②スキーマの特徴

その後，認知研究の展開の中で，スキーマの概念は確立されてきた。スキーマとは，抽象的で一般的な知識のまとまりであり，記憶や問題解決などさまざまな認知過程において重要な役割を果たす知識である。たとえば，人は「学校」や「レストラン」などの日常的な経験について，個別的な経験を超えて一般に学校で起こること，経験することなどを知っている。学校には，人が集まって一定時間をすごし，何かを学び，学ぶための部屋がある，というようなことを知っている。この知識がスキーマである。これらの知識は，実際に経験する具体的な場面を理解する際に利用される。母親が子どもに「早く学校のしたくをしなさい」と言う場面を見たら，「子どもは学校で学ぶための道具を準備する」と推測するだろう。

ラメルハートら（Rumelhart et al., 1977）は，スキーマを「記憶に貯蔵された一般的な概念を表現するデータ構造」と定義し，以下のような基本的性質を備えているとした。第 1 に，スキーマには固定化した情報以外に変数を受け入れるスロットがある。たとえば，学校スキーマは学校に共通した一般的な情報を含んでいるが，生徒の年齢や教える内容は変数であり，具体的な情報はスキーマが用いられる場面の中で決定されていく。生徒の年齢が 10 歳と特定されれば，その学校は小学校に具体化して理解される。また，その場面で変数に関する情報が与えられていない場合は，最も典型的な値がデフォルト値として割り当てられる。たとえば，教室に大人が 1 人いれば，その人物に関する具体的な情報が欠落していても教師という値がデフォルトとして決定される。第 2 に，スキーマは他のスキーマを内包するような埋め込み構造を備えている。たとえば，学校スキーマには，社会について学ぶ場面が含まれ，そこには「国」や「文化」といった別のスキーマが組み込まれている。このように，スキーマは相互に関係づけられて成立している。第 3 に，スキーマはあらゆる抽象度の知識を含むことが可能であり，具体

手続きはまったく簡単である。まずものをいくつかの山に分ける。もちろん，やらなければならない量によっては，一山でもよい。もし設備がなければ，次の段階として別のところに行かなければならないが，そうでなければ準備完了である。たくさんやりすぎないのが重要だ。つまり，一度に多くやりすぎるくらいなら，少なすぎる方がよい。短期間ではこのことは重要に思えないだろうが，すぐにやっかいなことになる。失敗すると高くつくこともある。最初はすべての手順が複雑に見えるかもしれない。でも，すぐにそれは生活の一側面になるだろう。近い将来この作業が必要なくなると予想することは難しいが，誰にもわからないことだ。手順が完了すると，物をまたいくつかの山にまとめる。そして適切な場所に入れる。やがてそれはまた使われ，すべてのサイクルが繰り返されなければならない。しかし，これは生活の一部なのだ。

図２　ブランスフォードらの文章（Bransford et al., 1972）

的な知覚から抽象概念にまで至る。第４に，スキーマは，事柄の定義ではなく百科事典的で豊富な内容を含んでいる。

スキーマとしての知識は，人間の認知活動のさまざまな面で重要な役割を果たしている。ブランスフォードら（Bransford et al., 1972）は文章の理解と記憶においてスキーマの果たす役割を例示した。そこでは，実験協力者は図２のような文章を読んだ後，文章を再生するように求められた。この文章には難しい用語や表現は含まれておらず平易な文章であるが，事前の情報なしで読むと意味不明で何を言っているのか理解しがたく，また再生することも難しい。この文章には「洗濯」というタイトルが用意されており，事前にタイトルを知って読むならば，それぞれの描写について容易に理解することができ，よく再生できた。このことは，「洗濯」に結びついたスキーマがタイトルによって利用可能となり，スキーマを利用して文章がよく理解され，記憶成績の向上につながったものと解釈できる。通常の文章は，タイトルとして明示されるにせよ文脈から推測されるにせよ，理解のために必要なスキーマが利用できるように準備されているため，スムーズな理解が成立しやすい。初学者にとって専門書の読解が難しいことも，初学者は理解のためのスキーマをもっていないことが一因となっていると考えることができるだろう。

２．スクリプト

日常的な出来事の標準的な展開についてのスキーマをスクリプト（script）と呼ぶ（Schank et al., 1977）。スクリプトは，「レストランで食事をする」「病院を受診する」などの日常的な出来事に関して，私たちがその標準的な展開についてもっている知識のことである。図３は，レストラン・スクリプトの例である。出来

名称：レストラン
小道具：テーブル，メニュー，食べ物，勘定書き，お金，チップ
登場人物：客，ウエイトレス，コック，会計係，オーナー
開始条件：客は空腹である
　　　　　客はお金をもっている
結果：客の所持金が減る
　　　オーナーはお金が増える
　　　客は空腹ではない

場面1：入店
　　　　客がレストランに入る
　　　　客はテーブルを探す
　　　　客は席を決める
　　　　客はテーブルに行く
　　　　客は席に座る
場面2：注文
　　　　客がメニューをとる
　　　　客がメニューを見る
　　　　客が料理を決める
　　　　客がウエイトレスに合図する
　　　　ウエイトレスがテーブルに来る
　　　　客が料理を注文する
　　　　ウエイトレスがコックのところに行く
　　　　コックは料理を作る
場面3：食べる
　　　　コックがウエイトレスに料理を渡す
　　　　ウエイトレスは客に料理を運ぶ
　　　　客は料理を食べる
場面4：店を出る
　　　　ウエイトレスが勘定書を書く
　　　　ウエイトレスが客のところに行く
　　　　ウエイトレスが勘定書を渡す
　　　　客がウエイトレスにチップを渡す
　　　　客が会計係のところに行く
　　　　客が会計係にお金を渡す
　　　　客はレストランを出る

図3　レストラン・スクリプト（Bower et al., 1979）

事は，継時的に生起する一連の場面によって構成され，各場面も一連の行為によって構成されている。スクリプトには，人が繰り返して経験する出来事の標準的な進行が表現されている。個々のスクリプトは，登場人物，道具，開始条件，結果，複数の場面とそれぞれの場面を構成する行為の系列といった情報を含んでいる。人がレストランの食事を描いた文章を読むとき，このスクリプトに結びつけ

医者 　ジョンは今日，具合が悪くなったので家庭医のところに行くことに決めた。彼は医院で受付を済ませてから，椅子のそばに置いてあった医学雑誌を何冊か眺めた。やっと看護師が来て，服を脱ぐように言った。医師はとても優しかった。医師はジョンのために薬の処方箋を書いてくれた。そして，ジョンは医院を出て家に向かった。
歯医者 　ビルはひどく歯が痛んだ。歯医者に着くまでそれが永遠に続くように思えた。ビルは壁に貼ってあるいろいろな歯科のポスターを見まわした。やっと歯科衛生士が確認して，歯のレントゲンを撮影した。彼は歯科衛生士は何をしているのだろうと思った。歯科医は，彼に虫歯がたくさんあると言った。次の予約をとったらすぐに，彼は歯医者を後にした。
カイロプラクター 　ハリーは，また背中がひどく痛んで目が覚めた。彼はその日にカイロプラクターに行くことにした。長時間待たされた。やっとカイロプラクター助手がすんで去っていき，ついにカイロプラクターが入ってきた。カイロプラクターはハリーの背骨を注意深く 1 つずつ確認しながら調べた。やがて，ハリーはカイロプラクターのところを後にした。

図 4　バウワーらが用いたストーリーの例（Bower et al., 1979）

ながら個々の文が理解される。一般的な文章は多くの省略を含んでおり，「昨日あるレストランにはじめて入って食事をしたが，評判どおりおいしかった。」というような文章を読むとき，「メニューを見て注文した」「代金を支払った」といった部分は明示されておらず省略されているが，省略部分はスクリプトの情報で補い，注文して代金も支払ったと理解される。

　このようなスクリプトの心理学的妥当性を検証するために，バウワーら（Bower et al., 1979）は次のような実験を行っている。そこでは，実験協力者は 18 個のストーリーを読んだ後に，その内容を再生した。18 個のストーリーには，「歯医者」「医者」「カイロプラクター」というように類似の展開をする複数のストーリーが含まれており，それらは共通する「医療機関の受診」というスクリプトに基づいて作成されたストーリーであった。ただし，出来事の一般的な展開に関する知識としてスクリプトに含まれている行為が，個別のストーリーでは省略されている場合があった。図 4 は具体的なストーリーの例であるが，スクリプトにも医者ストーリーにも含まれている「受付」が歯医者ストーリーでは省略されている。再生された内容を分析した結果，ストーリーでは省略されているが基本スクリプトには含まれる内容が想起されることがあり，その傾向は同じ基本スクリプトから作られた複数のストーリーを含む場合に強くなった。このような結果は，出来事についての文章を読み，記憶するときに，スクリプトの知識が利用されていることを示唆している。

その後，スクリプトの理論は，知識の動的な側面を取り入れたMOP（memory organization packet）理論に展開している（Schank, 1982）。それによると，スクリプトに含まれる「注文」場面は，レストランでも家電量販店でも生起する一般性のある場面である。スクリプトには，このような一般性のある場面が組み込まれており，出来事の知識はこのような一般性のある場面の知識が複数埋め込まれた記憶構造のパックとして成立していると考えられた。

Ⅲ　概念とカテゴリー

人の知識は，世界に関する一般化された内容を含んでいる。つまり，多様な事物１つひとつに対応した個別的な表象を保持せずに，事物の集合に関して共通の概念表象が成立している。つまり，昨日デザートで食べたリンゴもスーパーで売っているリンゴもリンゴ畑で実ったリンゴも，みな違っている。そのような違った事物１つひとつに個別的な表象をもたずに，異なる事物の集合を何らかの共通性に基づいて１つのまとまりとして扱う。このような働きを，カテゴリー化（categorization）と呼ぶ。概念は，カテゴリーを構成する事例集合に関する何らかの共通性に基づいて構成された表象のことである。

１．定義的特徴モデル

定義的特徴モデルは，概念の表象がそのカテゴリーへの所属を明確に決定できる属性である，とする伝統的な考え方である。概念は，そのカテゴリーへの所属の必要十分条件となる定義的属性として表現される。たとえば，三角形は，「同一直線上にない３点とそれらを結ぶ３つの線分からなる多角形」という定義的属性によって明確に定義づけられる。いかなる平面図形でも，この定義に照らし合わせて三角形か否かが明確に決定される。古来，人が扱う多様なカテゴリーもこのような定義的属性によって定義されていると考えられてきた。しかしながら，実際，リンゴや家具，野菜といった人が日常的に扱っているカテゴリーには，定義的属性は存在せず，緩やかな属性の重なり合いが成立しているにすぎない。ヴィトゲンシュタイン Witgenstein, L. は，このようなカテゴリーの構造を家族的類似（family resemblance）と呼んだ。このことから，定義的属性は，人が日常的に扱う自然カテゴリーの概念表象としては妥当ではないと考えられるようになった。

表 1　典型性評定値（改田，1986）

野菜		動物		家具	
キャベツ	1.14	トラ	1.20	タンス	1.22
ピーマン	1.30	ウマ	1.40	ソファー	1.65
タマネギ	1.51	イヌ	1.49	机	1.65
セロリ	1.71	ライオン	1.56	ベッド	1.83
パセリ	2.28	ウサギ	1.68	イス	2.10
モヤシ	2.35	スカンク	2.59	カラーボックス	2.58
サツマイモ	3.64	ワニ	3.10	コタツ	3.35
ダイズ	4.05	オットセイ	3.34	傘立て	4.20
トウモロコシ	4.35	イルカ	3.75	テレビ	4.75
ショウガ	4.63	ダチョウ	3.69	時計	5.28
ニンニク	4.98	クジラ	4.10	掃除機	5.31
トウガラシ	5.42	カメ	4.36	蛍光灯	5.58

注）　数値は，事例の典型性に関する 7 段階評定値（低い数値ほどよい事例）の平均である。

2．プロトタイプモデル

カテゴリーの表象は，定義的属性ではなく，カテゴリーを構成する事例に確率的に分布する属性によって成立する類似性に基づいていると考えるアプローチをプロトタイプモデルと呼ぶ。

ロッシュ（Rosch, 1975）は，果物，家具，トリなどの自然カテゴリーの事例について，各事例がどの程度そのカテゴリーのよい事例であるか，そのカテゴリーらしいかということについての大学生による判断を求め，それを典型性（typicality）と呼んだ。表 1 のように，キャベツやピーマンは野菜らしい野菜であり，トウモロコシやニンニクは野菜らしくない野菜である。さらに，ロッシュら（Rosch et al., 1975）は，人が日常的に扱っている自然カテゴリーは，家族的類似によって緩やかにまとまっている事例集合によって構成されているということを示した。そこでは，カテゴリーの 20 事例についてその属性を列挙するよう実験協力者に求めてそれぞれの事例の属性リストを作成し，それがカテゴリーの事例間で共有される様子を描き出した（図 5）。図 5 では，縦軸にカテゴリー内での生起頻度が示され，横軸に 20 事例中当該属性が共有されている事例数を示しており，数事例にのみあてはまる属性の数が多く，全体として定義的属性，すなわち全事例に

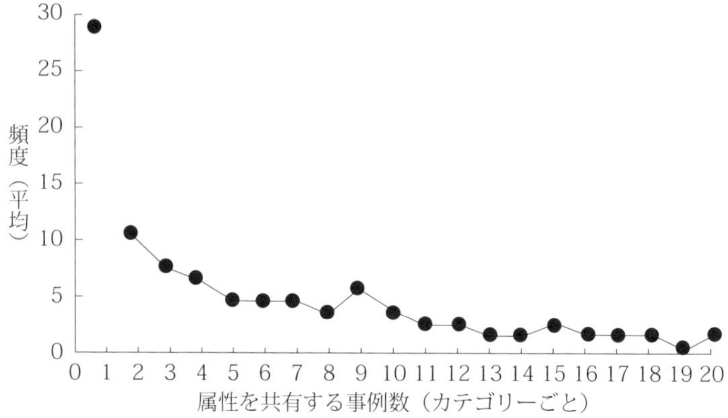

図5　カテゴリーごとの属性が共有される事例数の分布（Rosch et al.,1975）

共有されるがカテゴリーの事例とはならないものには該当しない属性を見出すことは困難だった。むしろ，典型的な事例は，カテゴリー内で他の事例と多くの属性を共有しており，全体としてカテゴリーの属性の重なり合いの程度が典型性に反映されていた。

さらに，このような事例の典型性の判断は一貫しており，「キャベツは野菜である」といった文の真偽判断や事例として想起しやすさなど，カテゴリーの関わる認知的処理に影響することが示された。このことから，自然カテゴリーは典型性に反映されるような家族的類似のカテゴリー構造を備えており，定義的属性ではなくカテゴリーの事例に確率的に属している特徴的属性（トリの「飛ぶ」など）が概念表象において重要な役割を果たしていることが示された。

また，ロッシュら（Rosch et al., 1976）は属性の重なり合いがカテゴリー化において重要な役割を果たすという観点から，カテゴリーの抽象水準についても検討している。カテゴリーには，ある1つの事物はリンゴであると同時に果物であり，ふじリンゴでもあるというような抽象水準の違いがあり，階層構造が成立している。このようなカテゴリーの階層構造の中でとくに優位になる抽象水準のカテゴリーが存在し，それは基礎水準のカテゴリーと呼ばれた。そして，基礎水準のカテゴリーでは多くの共有属性が挙げられるが，その上位のカテゴリー「果物」で挙げられる共有属性は基礎水準の「リンゴ」よりきわめて少ない。また，「リンゴ」より下位水準のカテゴリー「ふじ」では，基礎水準の共有属性数からそれほど増加しない。このことから，基礎水準では事物に分布する属性の重なり合いが最も際立っており，そのためカテゴリーとしての有用性が高くなると考えられた。なお，ここでの属性とは，物理的に決定されているというよりも，人が環境と相互作用するなかでの有用性により属性として認知された属性という意味合いを含んでいる。したがって，文化的背景や活動の文脈が異なれば，基礎水準も変動することになる。

３．理論ベースモデル

理論ベースモデルでは，カテゴリーを構成する事例の集合が，たんなる事例間の共有属性に基づく類似度によってではなく，そのカテゴリーを成立させる説明理論によってカテゴリーとしてのまとまりを備えるようになると考えた（Murphy et al., 1985）。メディンら（Medin et al., 1987）は，家族的類似の構造をもつ人工的な事例集合を分類するように実験協力者に求めたが，家族的類似に基づく分類が選ばれたのは属性間に意味のあるつながりがある場合のみであり，それ以外では家族的類似が存在してもそれに基づく分類は生じることはなかった。ここでの意味のある属性の組み合わせとは，「小さい」「水かき」「羽毛」「小さな耳」「くちばし」という，いずれも「飛ぶ」というテーマで関連づけられる属性である。たんに属性の緩やかな重なり合いが存在するというだけでは，カテゴリーが成立するためには不十分であり，なぜ属性が重なっているかについての説明が必要なのである。

このように考えると，概念は，固定的な属性の重なり合いに基づいて表象されるわけではなく，その場面の目標や文脈の中で環境に生じていることを説明するために柔軟に構成されるともいえる。そのような性質が顕著なカテゴリーとして目標志向カテゴリー（goal-derived categories）をあげることができる。たとえば，「誕生日プレゼント」というカテゴリーは，特定の目標に基づいて集められた事物の集まりであり，洋服，パーティ，花，香水，お金，本，といった事例によって構成されるが。バーサロウ（Barsalou, 1983）は，このようなカテゴリーにおいても事例による典型性の違いが成立しているが，事例間の属性の共有度ではこのような現象は説明できないことを示した。表２は，目標志向カテゴリーの例である。

このように，カテゴリーを構成する事例に属性の重なり合いが成立している場合も，人はその属性の結びつきがまったく偶然に結びついているとは考えない。そのような属性を結びつける原因となっている本質が存在していると考える傾向がある。また，実際にカテゴリーには定義的属性が存在していないにもかかわらず，本質としての定義的属性が存在すると考える人は多い。このような，カテゴ

表2　目標志向カテゴリーの例（Barsalou, 1985）

誕生日のプレゼント	キャンプの道具	火事のときもち出すもの
洋服	寝袋	子ども
パーティ	テント	家族
時計	マッチ	重要書類
カード	食べ物	ペット
香水	缶切り	お金
お金	敷物	宝石
ゲーム	燃料	写真
本	キャンピングカー	衣類
車	虫除け	毛布
キャンディ		食べ物

リーの表象が本質についての信念を含むという考え方を心理学的本質主義と呼ぶ（Medin et al., 1989）。カテゴリー化を通じた世界の認識は，たんに世界を分類することにとどまらず，人が世界で起こることを能動的に構成し，表面的な属性を超えた本質的な因果関係に基づいて理解しようとしていることの１つの側面だということができる。

◆学習チェック

□　宣言的知識と手続き的知識の違いについて理解した。
□　スキーマとスクリプトの働きについて理解した。
□　カテゴリー化におけるプロトタイプモデルと理論ベースモデルについて理解した。

より深めるための推薦図書

楠見孝編（2010）現代の認知心理学３思考と言語．北大路書房．
箱田裕司・都築誉史・川畑秀明ら（2010）認知心理学．有斐閣．
日本認知心理学会編（2013）認知心理学ハンドブック．有斐閣．

文　　献

Barsalou, L. W.（1985）Ideals, central tendency, and frequency of instantiation as determinants of graded structure in categories. *Journal of Experimental Psychology: Learning, Memory, and Cognition*, 11; 629-654.

Bartlett, F. C.（1932）*Remembering: A Study in Experimental and Social Psychology*. Cambridge University Press.（宇津木保・辻正三訳（1983）想起の心理学．誠信書房．）

Bower, G. H., Black, J. B. & Turner, T. J.（1979）Scripts in memory for text. *Cognitive Psychology*, 11; 177-220.

Bransford, J. D. & Johnson, M. K.（1972）Contextual prerequisites for understanding: Some investigations of comprehension and recall. *Journal of Verbal Learning and Verbal Behavior*,

11; 717-726.
Collins, A. M. & Loftus, E. F.（1975）A spreading-activation theory of semantic processing. *Psychological Review*, 82; 407-428.
Collins, A. M. & Quillian, M. R.（1969）Retrieval time from semantic memory. *Journal of Verbal Learning and Verbal Behavior*, 8; 240-247.
改田明子（1986）自然カテゴリに関する変数の関係について．東京大学教育学部紀要, 26; 227-234.
Medin, D. L. & Ortony, A.（1989）Psychological essentialism. In: S. Vosniadou & A. Ortony (Eds.): *Similarity and Analogical Reasoning*. Cambridge University Press, pp. 179-195.
Medin, D. L., Wattenmaker, W. D. & Hampson, S. E.（1987）Family resemblance, conceptual cohesiveness, and category construction. *Cognitive Psychology*, 19; 242-279.
Murphy, G. L. & Medin, D. L.（1985）The role of theories in conceptual coherence. *Psychological Review*, 92; 289-316.
Newell, A. & Simon, H. A.（1972）*Human Problem Solving*. Prentice Hall.
Rosch, E.（1975）Cognitive representations of semantic categories. *Journal of Experimental Psychology: General*, 104; 192-233.
Rosch, E. & Mervis, C. B.（1975）Family resemblances: Studies in the internal structure of categories. *Cognitive Psychology*, 7; 573-605.
Rosch, E., Mervis, C. B., Gray, W. et al.（1976）Basic objects in natural categories, *Cognitive Psychology*, 8; 382-439.
Rumelhart, D. E. & Ortony, A.（1977）The representation of knowledge in memory. In: R. C. Anderson, R. J. Spiro & W. E. Montague (Eds.): *Schooling and the Acquisition of Knowledge*. Lawrence Erlbaum Associates, pp. 99-135.
Schank, R. C.（1982）*Dynamic Memory: A Theory of Reminding and Learning in Computers and People*. Cambridge University Press.
Schank, R. C. & Abelson, R. P.（1977）*Scripts, Plans, Goals, and Understanding*. Lawrence Erlbaum Associates.

第9章

イメージの性質と機能

中村奈良江

Keywords　認知地図，イメージ走査，イメージの回転，二重符号化説，イメージ論争，コスリン，ブレイン・イメージング技法，メンタルモデル，シミュレーション

I　イメージとは

皆さんは「イメージ」とは，どんなことを指すと思いますか？　ときどき会話の中に，「○○大学のイメージってこんなだよね」とか，「企業のイメージ戦略」などという言葉を聞くことがある。心理学の中で使うイメージは，このような印象（impression）とは違い，頭の中に描く画像や映像のような心像（mental image）のことを指す。ここでいう心像，すなわちイメージは，直接，外部からの刺激がないにもかかわらず，見えている画像や映像のことである。リチャードソン（Richardson, 1969）は，準感覚的または準知覚的経験であると定義している。これは以前に見たものを再現している残像や直観像だけでなく，これまでの経験や知識から構成された画像も含む。そのため，とくにこれらは記憶イメージや想起イメージと呼ばれている。また，イメージには予期という機能が含まれていると考えられているために，近年では，運動イメージのような動きのシミュレーションがイメージであり，イメージの生成の源としてとらえる場合もある。このようにイメージには，知覚された映像の記憶に非常に近いものから，構成された思考に近いものまである。イメージは映像だけでなく，聴覚イメージや触覚イメージなど他の感覚モダリティにも対応していると考えられているが，この章では，おもに知覚や記憶，思考で扱われているイメージについて説明する。

1．認知地図

イメージは心理学の中では，実証することが難しいために，長い間封印された概念であった。20世紀の中頃に心理学の主流となっていた行動主義に反論するよ

うに，トールマン（Tolman et al., 1946）はネズミの迷路学習の結果から，認知地図（cognitive map）という考えを提案した。この概念が，人間の行動が刺激と反応によって決定されるものではなく，内部に思考様式を考えるきっかけとなった。その実験の1つを紹介しよう。ネズミは迷路の中で餌場の位置を学習する。行動主義の考え方によれば，出発点の刺激－前進反応－最初の選択点の刺激－右折反応……といった刺激－反応の系列を学習し，最後にゴールで餌を与えられて強化されるので，新しい道や近道は学習しないことになる。しかしながらネズミは，いままで通った道が使えなくなると，新しく，しかも最短の道を簡単に見つけることができた。このことは，ネズミは単にどの道順に進んでいいのかという経路の学習をしたのではなく，空間の布置を学習したと考えられた。すなわち空間的な広がりをもつイメージが形成されたことを示している。

II　イメージの性質

イメージの特徴をブルックス（Brooks, 1968）は利用している感覚モダリティの観点から調べた。すなわちイメージと視覚が同じ感覚モダリティを利用しているならば，選択的干渉（同時に2つの作業を行った場合に，お互いの作業が干渉して反応に時間がかかること）が起こるはずである。ブルックスはたとえば視覚的イメージを生成させる場合には，同じ感覚モダリティである視覚を使う作業を行うと選択的干渉が起こり，聴覚を使う作業を行っても選択的干渉は起こらないのではないかと考えた。使用した刺激材料は，視覚イメージを使用するブロック文字課題と聴覚イメージを使用する文課題である。これらを記憶した後にイメージし，図1AのようなFのブロック文字の場合は，イメージの中でその周辺をたどっていく（イメージ走査）が，上辺のコーナーに来たらYes，中ほどのときはNo，下辺のときはYesと答えるように指示される。答え方は①声に出して，Yes, Noを言う（音声課題;聴覚），② Yesのときは右手でタッピング，Noのときは左手でタッピングをする（タッピング課題；運動），③印刷されたYかNを指で指す（視覚課題：図1B）の3通りであった。図1Cに示した結果を見ると，指差しのときにとても時間がかかり，口頭のときには時間がかからない。文課題の場合には，たとえば，“A bird in the hand is not in the bush.” を覚えた後に，ブロック課題と同じようにイメージ走査を行い，単語ごとにその単語が名詞のときにYes，非名詞のときにNoで答える。その結果，今度は口頭のときに時間がかかった。つまり，予測通りにブロック文字Fのような視覚課題をイメージするときには，視

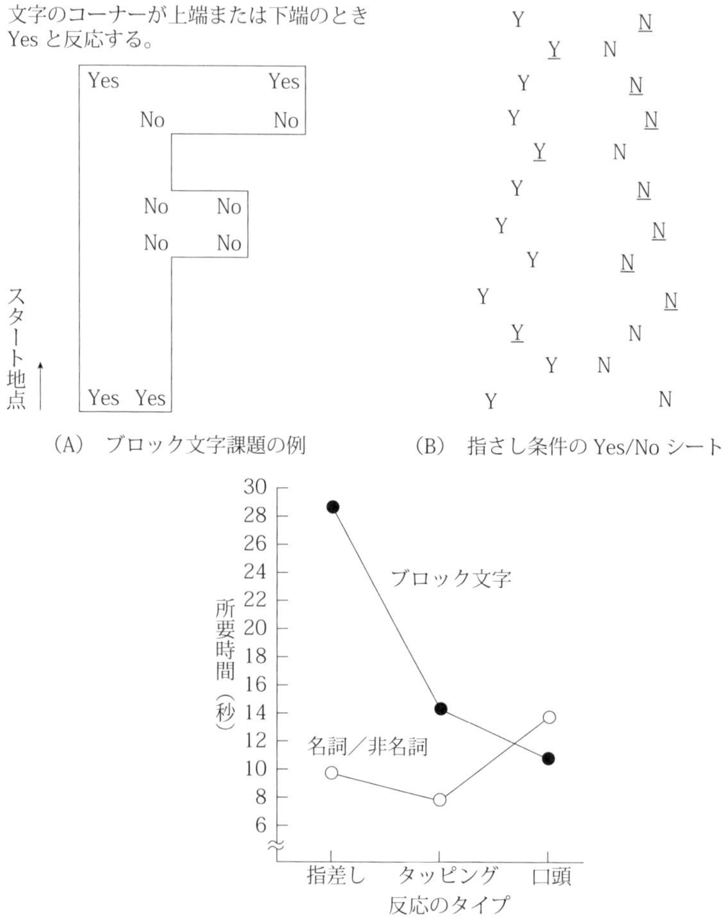

（A）　ブロック文字課題の例

（B）　指さし条件の Yes/No シート

（C）　ブルックスの実験結果

図1　ブルックスの実験（Brooks, 1968）

覚を使った反応のときに時間がかかり，文章のような音韻課題のイメージのときには，聴覚を使った反応に時間がかかった。したがってイメージが普通の認知活動と同じ感覚モダリティを使用していることを意味している。

1．イメージ論争

イメージが視覚的な映像のようなものであるかどうかが，問題にされるようになったのは，ペイヴィオ（Paivio, 1971）が具体名詞が記憶しやすいのは，感覚的特性をもつイメージと音韻的方略の両方を利用しているためであるという二重符

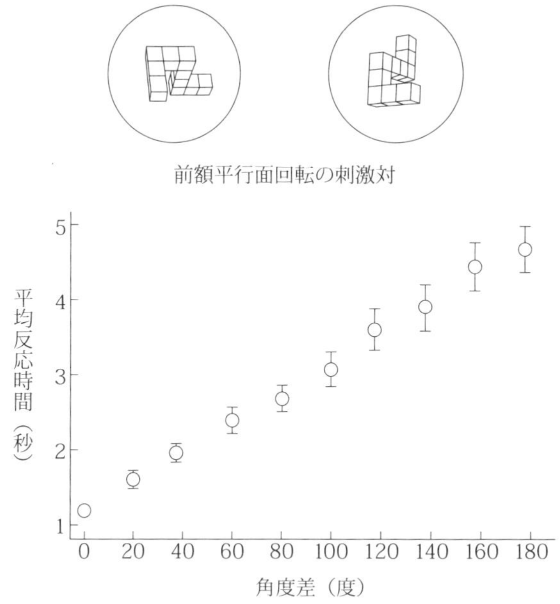

図 2　イメージの回転課題と反応時間（Shepard et al., 1971）

号化説を提案したことがきっかけである。たとえば，次の単語を 1 分間で覚えてみよう（自動販売機，疑惑，侵略，箱，化粧，地球儀，白菜，平和，挨拶，規則，教科書，観葉植物)。多くの人は，具体名詞である（自動販売機，箱，地球儀，白菜，教科書，観葉植物）はその物の画像をイメージできるので，音だけで覚えるよりもより簡単に覚える。これに対して，命題派のピリシン Pylyshyn, Z. W. は，イメージが「絵のようなもの」である必要はなく，命題的な解釈や概念化によるものであり，感覚的特性をもたないという反論をした。このような議論をイメージ論争といい，これらを心理学実験によって証明するためにさまざまな実験が行われた。

2．イメージ論争を巡る心理学的実験

イメージが絵のような特徴をもっているという立場では，イメージは回転させるなどの操作ができ，実際の立体などの回転と同じ時間が必要であるという仮説のもと実験が行われた。この実験はシェパードら（Shepard et al., 1971）によって行われ，図 2 のような図形が同じであるかどうかを判断させ，その結果，予想通り回転の角度が大きいほど判断までに時間がかかった。

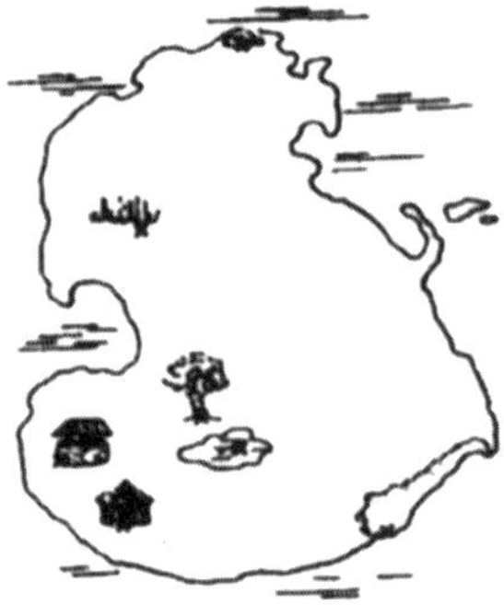

図３　コスリンが用いた架空の島（Kosslyn et al., 1978）

また，コスリンら（Kosslyn et al., 1978）は，架空の島の絵（図３）を覚えさせ，その後，島の任意の地点から別の地点までをイメージの中でたどっていくイメージ走査をするように指示した。その結果，遠くに行くにつれ時間がかかることがわかり，イメージは絵のように空間的な広がりをもつことを指摘した。

これらに対して，ピリシン（Pylyshyn, 1981）は，イメージの回転では，角度が大きくなれば，角度を計算するのに時間がかかること，また，島の中の遠くの目印にたどり着くということになれば，当然，遠いのだから時間がかかるという暗黙知が働いて，知覚経験をシミュレーションしてしまうために時間がかかってしまうと主張した。

３．コスリンの初期のモデルと命題派の貢献

コスリンは，イメージ派と命題派の主張を取り入れて，モデルを作成した（図4)。このモデルでは,「絵のようなイメージは，長期記憶などの深層に蓄えられている情報から引き出された情報によって生成されたものであり，それが表層である視空間ディスプレイ（視覚バッファ）に構築されたものである」とした。この深層の情報には，イメージの対象の詳細な情報，たとえば部分や部分の関係性，大きさなどの情報も命題の形で存在すると考えている。

イメージ派はイメージをアナログ的な絵として捉えるが，コスリンのモデルで示されたような意味解釈機構がイメージにもあることを指摘したことが命題派の貢献だと考えられている。このことは，マストら（Mast et al., 2002）の実験からも解釈することが可能である。彼らは実験参加者に，図5A のような多義図形（最初は若い女が見える方向）を想起イメージの中で正確に再現できるようになるまで描画と修正を繰り返させた。これができるようになると，イメージ上でその

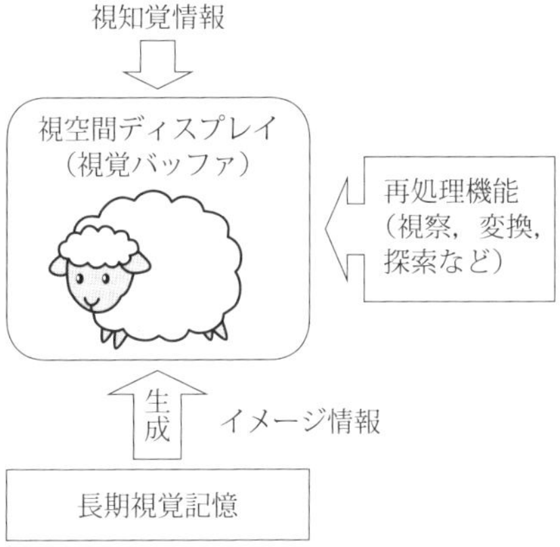

図４　コスリンの初期モデル

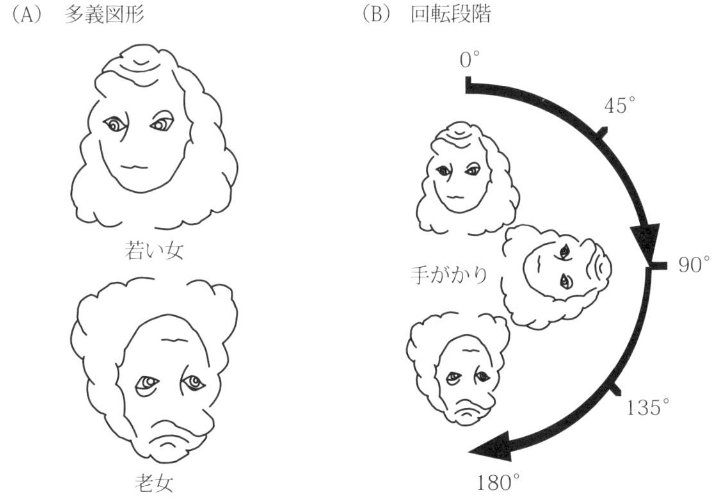

図５　マストらの実験で用いられた画像（Mast et al., 2002）

絵を上下逆さまになるように回転するように求めた。そして，回転後に絵が何に見えるかを尋ねられた。44 人の参加者の内 16 人は，絵の再解釈が行われ老女が見えると答えた。イメージ上で回転された絵は原図の若い女の画像であるが，その像をイメージの中で対象物として再処理が行われ，新しい意味が見出された。この結果は知覚と同様に対象について意味的な解釈を行っていることを示している。

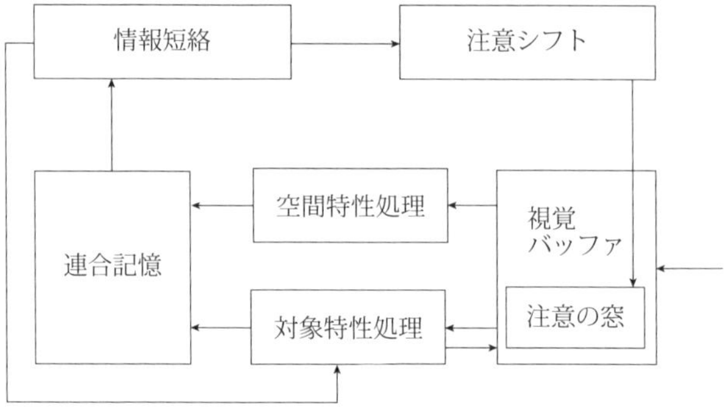

図6　コスリンのモデル

4．脳のイメージングからの証明

イメージの特性についての実験は，その後，認知神経科学の領域で，ブレイン・イメージング技法を用いて，さまざまなことが明らかになってきている。ブレイン・イメージング技法には，ERP（事象関連電位），PET（ポジトロン断層法），fMRI（機能的核磁気共鳴画像法），MEG（脳磁図）などがあり，コスリンら（Kosslyn et al., 1993）が，イメージ課題と知覚課題をfMRIを用いて調べたところ，どちらも第一次視覚野（V1）が活性化していることが明らかとなった。また，オクラバンら（O'Cravan et al., 2000）は顔をイメージするときには後頭葉の紡錘状回顔領域，場所をイメージするときには，腹側内部の海馬傍回場所領域が実際に知覚したときと同じように活性化することを明らかにした。この他にも色イメージでは色を司るV4，運動イメージではV5の賦活などが報告されている。このように，実際の知覚活動や運動活動と同じ脳の部分が活動することで，イメージの特性は知覚に近いものであるということができる。しかしながら，同時に，イメージの回転などの場合には，前頭前野に強い賦活も見られ，視知覚だけに頼っているわけではないことも明らかとなっている。

コスリンはイメージの生成モデルをさらに発展させ，図6のようなモデルを構築している（Kosslyn et al., 2006）。コスリンのイメージ理論は目で見ている対象を同定する理論に基づいているため，このモデルは，視覚システムとイメージ・システムの両方に共通したものになっている。図の中の視覚バッファは，外界の空間を表象する場所であり，その中にある注意の窓は，見ている対象の注意の方向を変えるために使われている。物体の色や形は対象特性処理で，その位置関係は空間特性処理で行われる。さらに連合記憶に情報が伝えられ記憶と照合され，対象が同定される。情報短絡は情報検索を行う場所で，対象がはっきりと同定されないときなどに働く。この働きが対象特性処理へと情報が伝わり，さらに視覚バッファに伝わると，外界からの直接情報がない場合のイメージの生成が生じることになる。

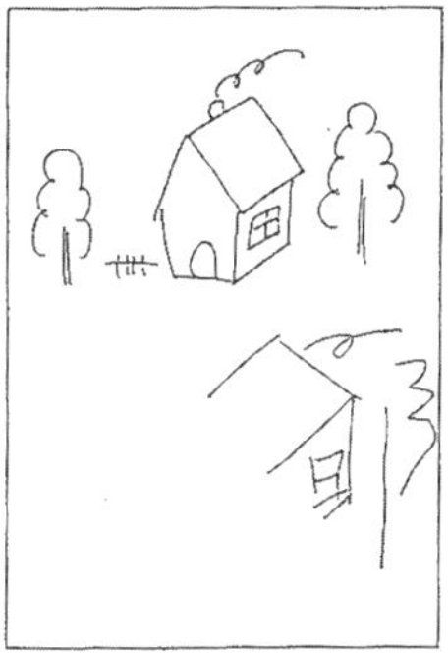
図７　半側空間無視患者の模写（久保，1982）

５．イメージの病理

イメージの神経心理学的証拠として，半側空間無視の現象が挙げられる。半側空間無視は，大脳の視覚系に損傷を伴っていないにもかかわらず，左右どちらかの半球に損傷がある場合，その反対側の視野に呈示された視覚刺激に対して注意が向けられない病態である。とくに，左半球損傷よりも右半球損傷の場合に生じることが多く，その結果，左側の空間を無視する場合が多い。患者は実際に見ている状況で模写の課題が与えられると，図形の全体の右側だけを模写し，全体を完全に模写したと思う。他者に指摘されるとそのことに気がつくが，どうして気がつかなかったかわからない（図７）。脳の損傷部位は視覚野のある後頭葉というよりは下頭頂葉付近であるとされている。また広範囲の部位を含む空間注意の神経ネットワークモデルも提唱されている。

このような現象は，イメージを行わせた場合にも生じる。ビジアキとラザッティの実験では，半側空間無視が生じている患者に，良く知っている風景であるミラノ大聖堂前の大通りをイメージさせて何が見えたかを報告させた。まず，大聖堂を背にしてイメージさせた場合には，右側に見えるものだけを答え，次に，大聖堂に向かったイメージでも右側に見えるものだけを答え，先ほど答えた景色を無視したという。これは，視覚バッファにおいて外界からの刺激と内部から構成されたイメージが同じように空間特性処理や対象特性処理に移動し，空間的処理において何らかの障害が生じたと推測できる。しかし他の患者に，実際に見ている場合とイメージを行っている場合の比較を行った実験（Sala et al., 2002）では，実際に見ている場合には無視をしないのに，イメージにおいてのみ無視が生じた。このことから考えると，イメージが形成されている視覚バッファに問題があると考えることもできる。このようにイメージを形成している脳部位を特定するのは難しく，まだ不明な点が多々ある。

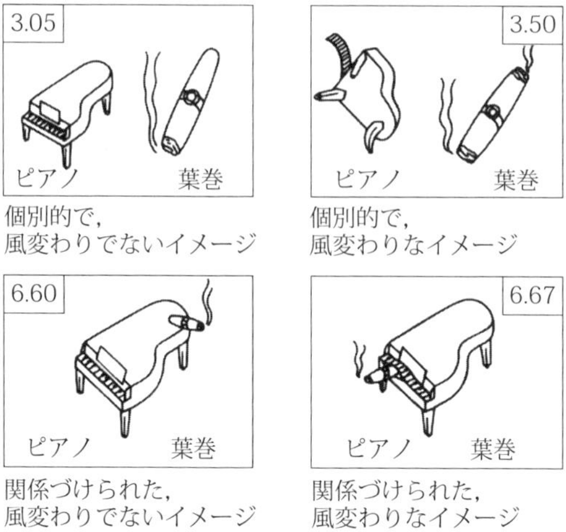

図８　ウォーレンらの実験で用いられた画像

注）　四角の中の数字は平均再生数。

Ⅲ　イメージの機能

１．イメージのさまざまな機能

①記憶の手がかりとしてのイメージ

具体名詞の記憶の成績がいいのはイメージと言語的な情報の両方を利用しているためであるとした二重符号化説を説明したが，単純に覚えたい名詞のイメージを描くだけでなく，イメージをいろいろなものと関連づけることによって記憶の手がかりを多く作ることができる。そのときの関連づけは，奇抜な関連づけである必要はないということがわかっている（図８）。

また，記憶術の中でも外界の風景の目立つものなどと関連づけることによって記憶する方法である場所づけ法もイメージを用いた記憶術である。たとえば，よく通る道に沿って覚えたい項目を目立つ建物や木などに関連づけて覚えると，そのルートに沿って歩くイメージをすることで，関連づけた事柄を思い出すことができる。もともと，ギリシアの詩人が考案し，雄弁家たちが演説をするときに，周りの風景を手がかりに演説の内容が順々に思い出せるようにしたといわれている。その他にも身体の部位などを同様の方法で利用した例などがある。たとえば秘書，クルーザー，スカート，パジャマ，フクロウ，パン屋，くちびる，技師，オーバーコート，カラス，シャツ，目の12項目を１語30秒ずつ呈示して記憶す

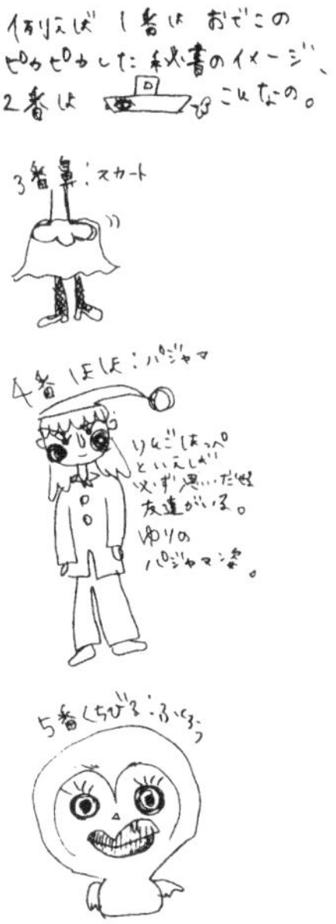

図９　記憶術の例

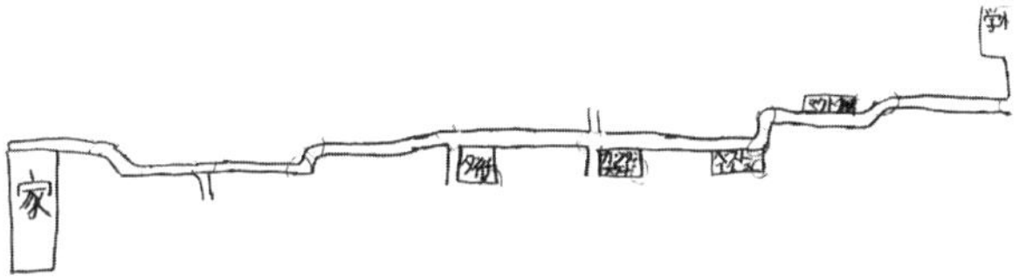

図 10　ルート・マップの例

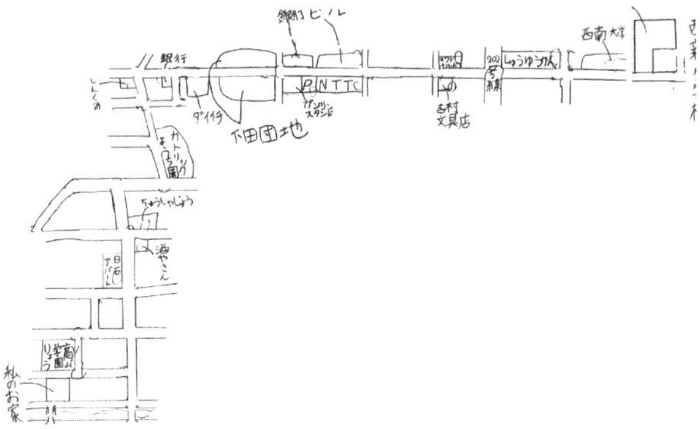

図 11　サーベイ・マップの例

るように教示すると，文章やカテゴリー分類するなどの記憶術の他に，イメージを思い浮かべたり，身体の場所とイメージを関連づけて覚える人もいた（図 9）。

②空間移動のときのイメージ

認知地図のところで説明したように，私たちは空間についてのイメージを作り，そのイメージの中で移動している。空間のイメージは，ルート・マップ（図 10）とサーベイ・マップ（図 11）がよく知られている。ルート・マップは道順に沿った地図で，一般に目印がつながったイメージであり，これに対してサーベイ・マップは，鳥瞰図のようなイメージであり，通っていない位置関係も含まれている広域のイメージである。ルート・マップは自己中心的座標系であり，サーベイ・マップは，固定的参照系や相互協応的参照系（Hart et al., 1973）に対応する。つまり，ルート・マップは，自分自身が見ている景色を中心に構成された空間のイメージで，サーベイ・マップは自分自身の視点の外に参照枠を設けたイメージである。サーベイ・マップのように広域の空間のイメージがあっても特徴はルート・マップを示す場合もある。中村（2009）は，正確なルートが集まってできた広域地図のイメージを加算されたルート・マップと呼んで広域の空間のイメージを分類している。

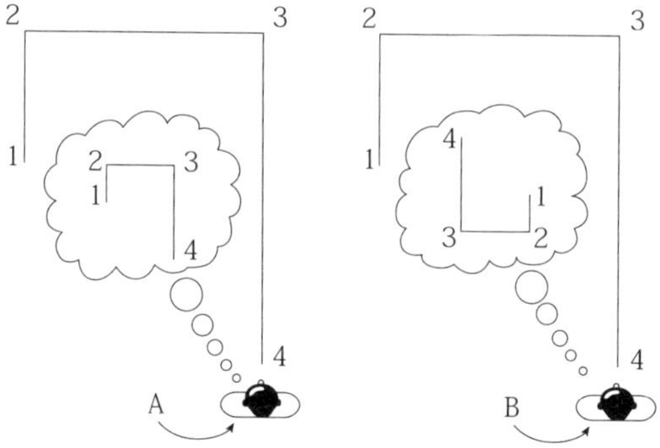

図 12　レバインらの実験の様子（Levine et al., 1982）

固定的参照枠で形成された空間のイメージは, 向きが固定しているので, 時として実際に知覚された空間の向きとの不一致が生じ, 空間の理解が困難になる。このような現象は整列効果と呼ばれている（Levine et al., 1982）。レバインら（Levine et al., 1982；図 12）は，地図を吹き出しに書かれているＡまたはＢの２つの方向から学習させた。その後, Ａの学習者は学習時と一致した方向（アライメント）で閉眼のまま「いま，４番に立っていて，３番の方向を見ています。１番の方向まで行ってください」と教示され，Ｂの学習者も同じ教示で同じことを行った（図 12）。その結果，Ｂの地図を学習した参加者のエラーがＡよりもとても多くなった。このことは地図を学習するときに，進行方向が上であるというイメージを作成していたことを示している。

③時間のイメージ

フィードマン（Fiedman, 1990）は時間に関する処理能力は, 言語リスト処理能力，イメージ・システム処理能力の順で発達的に獲得されるとしている。言語リスト処理能力は，時間の流れの中の出来事を言語コードとして貯蔵しているものである。出来事の順番などについて理解しているが，出来事間の時間の間隔を比較することができない。これに対して，イメージ・システム処理能力は時間パターンを空間的イメージに置き換えて出来事を表象するものである。大学生で調査すると時間を空間的なイメージで捉えているのは 106 人中 42 名のみであった。また時間間隔が空間間隔に等間隔で反映されているかは明らかではない。筆者は図 13 のように１日の時間を円形に捉え，また等間隔には捉えていない。このような時間イメージの捉え方の個人差をもっと調べる必要があるだろう。

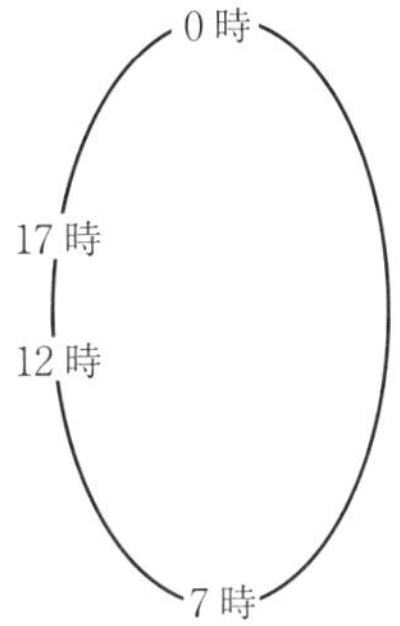

図 13　筆者の 1 日の時間イメージ

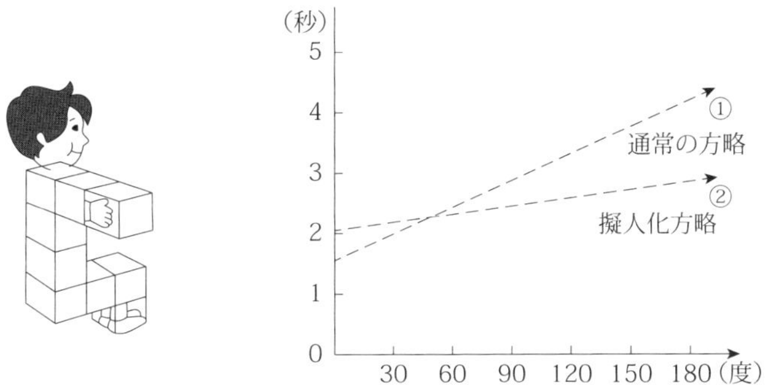

図 14　擬人化方略の例と回転（佐伯，1980）

2．問題解決

前述の整列効果のように，イメージと実際の空間の向きが違うために空間理解に困難が生じる場合もあるが，イメージはいろいろな問題を解決するときに有効に用いられることも多い。その用い方はいろいろであるが，たとえば，機械などシステムの一部に“なって”みる方法などがある。佐伯（1980）は，イメージの回転課題を，このような擬人化の方略を用いて検討し（図 14），その結果，通常の方略を用いた場合には，前述のように回転角度が大きくなるにつれて，判断時間が延びるが，擬人化方略では，そこまで大きく時間が延びないことを示した。

またメンタルモデル（Johnson-Laird, 1983）は，人々が理解したり推論を行うときに用いられる一種のイメージである。たとえば，6 ÷ 3 ＝ 2 という式の理解は，図 15 のような 2 通りの解釈があることをイメージを利用して理解の手助けをすることである。いろいろな理論のモデルなどを図式化するのもメンタルモデ

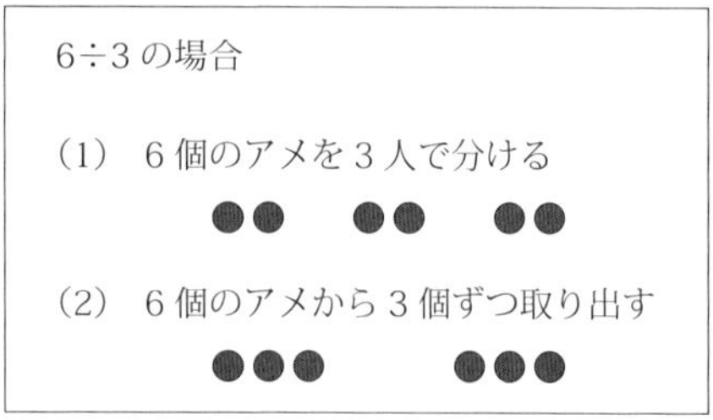

6÷3 の場合
（1）６個のアメを３人で分ける
（2）６個のアメから３個ずつ取り出す

図 15　メンタルモデルの例

ルで理解を促進するためのイメージである。

3．シミュレーション機能

コスリンら（Kosslyn et al., 2006）は，イメージにはシミュレーション機能があると述べている。先に述べたような問題解決やイメージトレーニングなどの活動にも利用されている。徳永（2014）は，イメージトレーニングについて，基本的なイメージのトレーニング，イメージと試合を近づける練習，試合中のイメージ，試合後のイメージを挙げ，スポーツの中で随所にイメージの利用が見られることを紹介している。

乾（2009）は，シミュレーション機能の中でもとくに身体を使ったイメージについて，このイメージは実際に身体を動かしているわけではないので，感覚フィードバックが返ってこないことを指摘し,「運動指令を使うことによって感覚フィードバックを予測することは，運動結果の感覚をみずからの頭の中で作り出していることであり，それがイメージである」（図 16）と述べている。これらのことを考えると予測するという活動がイメージ生成に関わっている部分であると考えられる。

4．個人差

イメージ能力には，個人差があることがわかっている。どれくらいはっきりとイメージを浮かべるかということのほかにも，イメージしたものをどれくらい操作して利用できるかといった個人差もある。たとえば，鮮明さでは，具体名詞の鮮明さの問題もあるが，前述した具体名詞と抽象名詞の実験では，抽象名詞である「平和」という言葉に具体的な「ハト」などをイメージする人もいる。さらに操作性との関連では，具体的な名詞のイメージは鮮明ではないにもかかわらず，イメージを操作して問題解決や創造性のときにイメージを利用できる人もいる。

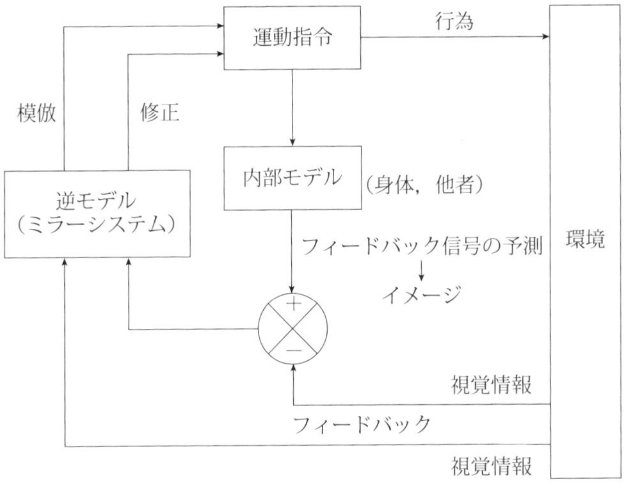

図16　乾の提案するイメージの生成過程（乾，2009）

次の判断の基準に沿って，イメージの鮮明さを判断してください。
［判断の基準］
1：完全にハッキリしていて，実物を見ているようである。
2：かなりハッキリしているが，実物を見ているほどではない。
3：ハッキリした程度は，中くらいである。
4：ボンヤリしていて，かすかである。
5：まったくイメージが浮かばないで，ただ言われたことについて自分が考えているということが，「わかっている」だけである。

日の出を思い浮かべてください。そして，あなたの心の眼に浮かぶ，そのイメージを注意して見てください。それから，下の各項目によって呼び起こされるイメージの鮮やかさ，明瞭さを，判断の基準に従って分類し，それを記入欄に書いてください。

ホ　太陽が水平線からモヤのかかった空へ昇っています
ヘ　空は晴れていて，太陽のまわりの空はまっ青です
ト　くもっています。嵐が吹き，稲妻も光っています
チ　虹が出ています

図17　VVIQの一部（Marks, 1973）

心的イメージ能力を測定する方法には，イメージの鮮明さを調べるVVIQ（Marks, 1973；図17）や操作能力を測るTVICゴードン検査（Gordon, 1949；図18），物体イメージと空間イメージの使用頻度に関する質問紙（川原ら，2009；図19）などがある。

「はい」「いいえ」「はっきりしない」で回答する
あなたは，家の前の道路にある車を見ることができますか
あなたは，その色を見ることができますか
さて，あなたは，その車を別の色にすることができますか

図 18　TVIC（視覚心像統制）ゴードン検査の一部

物体イメージ尺度（12 項目）
・映像的なイメージを思い浮かべながら本を読む事がおおい
・ラジオのアナウンサーの DJ が話すのを聞いている時，いつもその情景や様子を具体的に思い浮かべている自分に気づく
・日常生活のなかで，いつも映像的なイメージが浮かんでくる
空間イメージ尺度（12 項目）
・知らないところに行っても東西南北をあまり間違えない
・頭の中で立体の図形を簡単にイメージしたり，回転させたりすることができる
・ホテルや旅館の部屋に入るとその部屋がどちら向きの部屋になっているのかわからなくなる

図 19　視覚的イメージスタイル質問紙の項目の一部（川原ら，2009）

◆学習チェック
□ イメージには視覚的イメージや聴覚的イメージがあり，実際の視覚，聴覚と同じ感覚モダリティを使っていることを理解した。
□ イメージは記憶や問題解決時の手がかりの 1 つとして利用されることを理解した。
□ イメージは，その鮮明さや操作性，また脳のダメージなどによる個人差があることを理解した。

より深めるための推薦図書

箱田裕司編（1991）イメージング―表象・創造・技能．サイエンス社．
菱谷晋介編著（2001）イメージの世界―イメージ研究の最前線．ナカニシヤ出版．
コスリン Kosslyn, S. W.・トンプソン Thompson, W. L.・ガニス Ganis, G.，武田克彦監訳（2009）心的イメージとは何か．北大路書房．

文　献

Brooks, L. R.（1968）Spatial and verbal components of the act of recall. *Canadian Journal of Psychology*, 22; 349-368.

Fiedman, W. J.（1990）Children's representations of the pattern of daily activities. *Child Development*, 61; 1399-1412.

Gordon, R.（1949）An investigation into some of the factors that favour the formation of stereotyped images. *British Journal of Psychology*, 39; 156-167.

Hart, R. A. & Moore, G. T.（1973）The development of spatial cognition: A review. In: R. M. Downs & D. Stea (Eds.): *Image and Environment: Cognitive Mapping and Spatial Behavior*. Aldine, pp. 246-288.（吉武泰水監訳（1976）空間認知の発達．In：環境の空間的イメージ．鹿島出版会，pp. 266-312.）

乾敏郎（2009）イメージ脳．岩波書店．
Johnson-Laird, P. N.（1983）*Mental Models: Towards a Cognitive Science of Language, Inference, and Consciousness*. Cambridge University Press.
川原正広・松岡和生（2009）視覚イメージスタイル質問試作性の試み．イメージ心理学，7; 19-31.
Kosslyn, S. M., Thompson, W. L. & Ganis, G.（2006）*The Case for Mental Imagery*. Oxford University Press.（武田克彦監訳（2009）心的イメージとは何か．北大路書房．）
Kosslyn, S. M., Ball, T. M. & Reiser, B. J.（1987）Visual images preserve metric spatial information: Evidence from studies of image scanning. *Journal of Experimental Psychology: Human Perception and Performance*, 4; 47-60.
Kosslyn, S. M., Alpert, N. M., Thompson, W. L. et al.（1993）Visual mental imagery activates topographically organized visual cortex. PET investigations. *Journal of Cognitive Neuroscience*, 5; 263-287.
久保浩一（1982）視空間失認．精神科 MOOK（失語・失行・失認），1; 83-91.
Levine, M., Jankovic, I. N. & Palij, M.（1982）Principles of spatial problem solving. *Journal of Experimental Psychology: General*. 111; 157-175.
Marks, D. F.（1973）Visual imagery differences in the recall of pictures. *British Journal of Psychology*, 64; 17-24.
Mast, F. W. & Kosslyn, F. M.（2002）Visual mental images can be ambiguous: Insights from individual differences in spatial transformation abilities. *Cognition*, 86; 57-70.
中村奈良江（2009）空間行動のイメージ―大人の行動空間のイメージの特徴と形成過程モデル．ナカニシヤ出版．
O'Cravan, K. M. & Kanwisher, N.（2000）Mental imagery of faces and places activates corresponding stimulus-specific brain regions. *Journal of Cognitive Neuroscience*, 12; 1013-1023.
Paivio, A.（1971）*Imagery and Verbal Processes*. Holt, Rinehart and Winston.
Pylyshyn, Z. W.（1981）The imagery debate: Analogue media versus tacit knowledge. *Psychological Reviews*, 88; 16-45.
Richardson, A.（1969）*Mental Imagery*. Routledge and Kegan Paul.（鬼沢貞・滝浦静雄訳（1973）心像．紀伊國屋書店．）
佐伯胖（1980）Empathy による回転図形の認知．日本心理学会第 44 回大会発表論文集, p. 225.
Sala, S. D. & Logie, R. H.（2002）Neuropsychological impairments of visual and spatial working memory. In: A. D. Baddeley, M. D. Kopelman & B. A. Wilson (Eds.): *The Handbook of Memory Disorders*, 2nd Edition. Wiley, pp. 271-292.
Shepard, R. N. & Metzler, J.（1971）Mental rotation of three-dimensional objects. *Science*, 171; 701-703.
徳永幹男（2014）トピックス 5 スポーツとイメージ．In：行場次朗・箱田裕司編著：新・知性と感性の心理学―認知心理学最前線，福村出版，pp. 97-98.
Tolman, E. C., Ritchie, B. F. & Kalish, D.（1946）Studies in spatial learning. I. Orientation and the short-cut. *Journal of Experimental Psychology*, 36; 13-24.

第10章

問題解決・推論・意思決定

中村國則

Keywords　洞察，類推，手段－目標分析，メンタルモデル，ヒューリスティック，確率判断，プロスペクト理論，限定合理性，二重処理過程モデル

人の考え方は何に導かれているか，人の考えの中に何を見出すことができるか，といった人間の理性に関する問題は，心理学の中では思考心理学という研究分野の中で問題解決・推論・意思決定の問題として検討されてきた。これらの研究分野では，人間の思考をある種の規範や正解との対応関係から評価し，分析することから出発して背後の原理を探るアプローチが主として行われてきた。

I　問題解決

1．洞察や機能的固着

問題解決とはおおまかにいえばある目標を達成することであり，目の前に与えられた問題を自分のもっている知識や技量を駆使して解決とされる目標状態まで変化させる一連の過程や行為を指す。たとえば，現在筆者はこの章を書くという問題を与えられ，認知心理学の知識や文章力をもって章を書き上げるという状態を達成するという問題解決を求められていることになる。

では，問題解決をする際に，人間の頭の中ではどんなことが起きているのだろうか？　ここで，9点問題と呼ばれる古典的なパズルを考えてみよう。この問題は，図1左に示されるような正方形状に配置された9つの点を一筆書きの4本の直線で結ぶことを求めるものである。この問題の正解は，図1右に示されるように線を正方形からはみ出して書くことが必要になる。ところがこの問題では9つの点が正方形の形で並べられているため，どうしても最初は4本の線で正方形を描くという考えが先に来てしまい，なかなか正方形の配列からはみ出して線を描くという発想を思いつかない。この問題に正答するためには，この9つの点はたんに正方形状に並んでいるだけであり，正方形を描かなければいけない理由はど

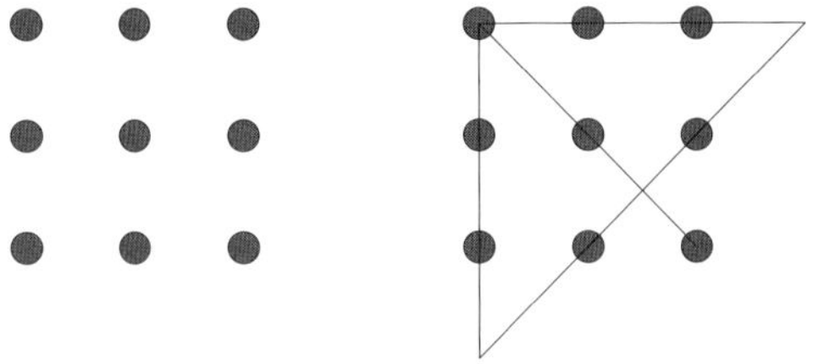

この9つの点を一筆書きの４本の直線ですべて結ぶにはどう線を引けばよいか？
正解は右図のように，正方形の外側にはみ出して線を引く必要がある。

図１　９点問題

こにもないことに気がつく必要がある。

この９点問題を解く際のつまずきとそこからの脱出は，心理学の中で問題解決という行為に伴う本質的な要素をうまく表している。すなわち，“問題”解決であるからには，当然当初の想定通りでは解決できない問題があり，それを解決するには何らかの形で発想を転換して当初の想定を見直し，そこから目の前の問題を解決するという作業を繰り返すことが求められることになる。心理学の中での問題解決とは，このようなある種のひらめき（illumination）や洞察（insight）といった，何らかの形での飛躍を伴うような段階を要するものと考えられ，この飛躍を促進する，あるいは阻害する要因を分析することに主眼があてられてきた。

その検討の中で古くから指摘されてきたのは，問題を解く際に用いる人が用いる知識が解決の助けにも解決を阻む制約にもなりうるということである。我々はどんな問題に対しても白紙の状態で臨むということはありえず，何らかの形で自分の経験や知識から手がかりになるようなものを見つけ出し，解決へつなげようとする。しかしながらこれらの知識や経験は時として解決を阻害することが古くから指摘されてきた。

その古典的な例として，ドュンカー（Duncker, 1945）のろうそく問題がある。この問題は，ろうそく，マッチ，画びょうを使ってろうが垂れないように壁にろうそくを立てるにはどうすればよいかを考えさせるものであり，正解は「マッチ箱を台にしてろうそくを立て，その台を壁に画びょうで張り付ける」というものであるが，マッチ箱を台にするという発想がなかなか出てこないため，回答に至りにくい。これは，マッチ箱にはマッチをしまっておくという機能が与えられているがゆえに，逆にその機能にとらわれてマッチ箱をろうを立てる台として活用することを思いつきにくくなるためと考えられる。このような知識の影響は，与えられた材料がもつ本来の機能にとらわれて問題解決が阻害されていることから機能的固着（functional fixedness）と呼ばれている。

2．類　　推

問題解決に至る重要な要因として注目されてきたのが類推（analogy）である。類推とは，問題の抽象的な構造の類似性に着目して過去の経験を現在の問題の解決に応用することを指す。この類推の効果を示した研究として，放射線問題（Duncker, 1945）を用いたギックら（Gick et al., 1980）の研究がある。次の問題を見てみよう。

ある患者の胃には癌があります。この癌を治療しようと思うのですが，治療に十分な放射線を一度に腫瘍にあててしまうと，腫瘍は破壊できますが，この腫瘍に到達するまでにある正常な部位まで破壊してしまいます。しかし，正常な部位を破壊しない量の放射線では癌を治療することはできません。どのようにしたらよいでしょうか？

この問題の正答は，「一度には正常な部位を破壊しない程度の量の放射線を多方向からあて腫瘍を破壊する」になる。ただしこの問題の正答率は低く，ドュンカー（Duncker, 1945）の研究では 42 名中 2 名しか正答できなかった。しかしギックら（Gick et al., 1980）は，以下の砦の話を読ませて話の内容を要約することを求めた後に放射線問題を回答させると，正答率が大きく向上することを見出した。

ある砦を攻略することを命じられた将軍がいます。この砦に通じる道は多数あり，放射状になっています。しかし，その道には地雷が埋められており，一度に多くの軍隊が通ると地雷が爆発する危険性があります。そこで，将軍は軍隊を小さな部隊に分け，それぞれの道から部隊を一斉に出発させ，砦を攻略することができました。

放射線問題と砦の話は表面的にはまったく似ていないものの，問題となる部分を一度ではなく多方向から攻める，という抽象的な構造において共通している。ギックら（Gick et al., 1980）の結果は，人は表面的には違っていても抽象的な構造で共通していれば，類推によって過去の経験や知識を新たな問題の解決に利用できることを示している。

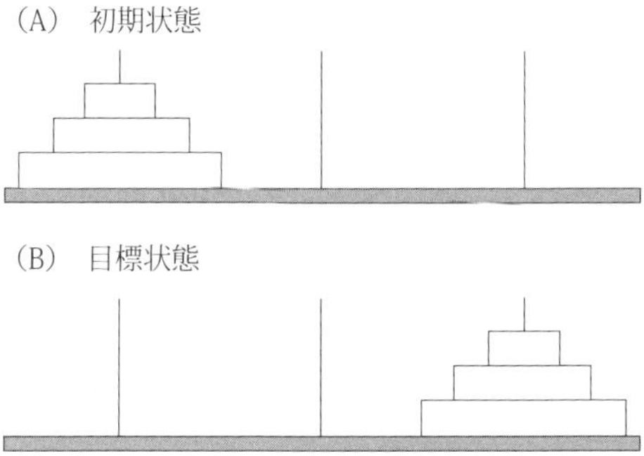

①一番上の円盤しか動かしてはいけない，②大きい円盤の上にしか置いてはいけない，という 2 つのルールを守りながら（A）の初期状態から，(B）の目標状態までもっていくにはどうすればいいだろうか？

図 2　ハノイの塔

3．問題解決のプロセス

問題解決に至るまでの過程をモデルとして表現する試みも行われている。とくに認知心理学の枠組みの中では，問題解決とは問題空間の中の探索問題と捉えられている。問題空間とは，問題が与えられた状態から解決に至るまでのすべての過程，あるいは問題の答えの候補となる要素が配置された空間を指す。そして認知心理学の中では主として論理的パズルを題材に取り上げ，それを解く際の思考のプロセスを記述し，そのプロセスが理想的な回答とどう異なるかを分析することを行ってきた。

ここで，しばしば問題空間の探索の例として言及されるハノイの塔を例に説明してみよう。この問題は，図 2 のように積み上げられた円盤を，①一番上の円盤しか動かしてはいけない，②大きい円盤の上にしか置いてはいけない，という 2 つのルールを守りながら一番左の棒から一番右の棒へ移動することを求めるものである。そして，このハノイの塔の問題空間は図のように表現され，問題解決はこの図の初期状態から目標状態へと移動する過程として表現されることになる。

このような問題空間の探索過程を記述，表現するモデルとして GPS（General Problem Solver；Newell et al., 1977），あるいは ACT-R（Adaptive Control of Thought-Rational；Anderson, 1998）といったものがある。GPS は初期状態から目標状態との間の違いを評価しながら，さまざまな下位目標を設定し，下位目標を達成していくことで目標状態へ近づくことを手段－目標分析を通じて問題解決を行うものである。このような方法によってニューエルら（Newell et al., 1977）は述語論理やユークリッド幾何学の証明問題を解決できることを示した。また，ACT-R は，そもそも一般的な認知のモデルとして提案されたものであり，プロダクション・システム（production system）と呼ばれる人工知能のプログラムを用いて「もし○○が満たされたならば，××を実行せよ」といった条件文で記述される演算を繰り返し行うことにより，問題解決を行うものである。

II　推　　論

1．三段論法

推論とはまさに論理をもって推し量ることである。推論には，一般・普遍的な前提から論理に基づいて個別の事例に関する結論を導く演繹的推論と，個別で特殊な事例から一般的な法則を導く帰納的推論の２種類がある。ただし演繹的推論にせよ帰納的推論にせよ，心理学の中では結論を導く際の論理との対応関係や結論の導き方に影響する要因に焦点があてられ，そして人間の行う推論は一貫した形で論理的規則から逸脱することが明らかにされてきた。

推論における論理的規則からの逸脱を示す代表的な例として，三段論法課題を挙げることができる。三段論法は２つの前提と１つの結論からなり，以下のような形式で表される。

すべての A は B である（前提 1）
すべての B は C である（前提 2）
ゆえにすべての A は C である（結論）

この三段論法は個々の前提と結論の全称（「すべての～は」）と特称（「ある～は」），および肯定（「～である」）と否定（「～でない」）の組み合わせによっていくつもの組み合わせがあり，論理的に正しい組み合わせはその一部である。そしてその妥当性の判断については明らかに難易の違いがあり，正答率の高い組み合わせもあれば低い組み合わせもあることが知られている。このような三段論法に対する人間の判断を説明しようとした理論は古くからさまざまなものがあるが（たとえば Woodworth et al., 1935），最も主要なものとしてメンタルモデル理論（mental model theory；Johnson-Laird, 1983）がある。この理論は，三段論法を説く際に人は個々の前提に対応するメンタルモデルと呼ばれる具体例を想起し，その具体例の中に結論に対応するものがありうるかどうかを考慮することで妥当性の判断を下すとするものである。この理論の予測するところによれば，想起すべきメンタルモデルの数が多くなるほど正答率が低下することになり，実際にその予測はおおむね実験的に支持されている。

また，カテゴリーに基づく帰納推論（Osherson et al., 1990）に関する研究も多く行われている。このタイプの推論は，「スズメには種子骨がある。だからすべてのトリには種子骨がある」といったように，前提で特殊な事例について言及され，そこからより一般的なカテゴリーへと帰納する形式の推論である。オシャーソンら（Osherson et al., 1990）はこのカテゴリカル帰納推論に対して類似－被覆モデル（similarity-coverage model；訳は岩男，1997 による）を提案し，体系的な説明を与えた。このモデルによれば，結論の妥当性は前提で言及される事例と結論で言及されているカテゴリーとの類似性と，前提で言及される事例がカテゴリー内で占める程度の 2 つに基づいて判断される。オシャーソンら（Osherson et al., 1990）ではこの予測から導かれる 13 の現象を特定し，実験的に確認している。

2．命題論理と 4 枚カード問題

推論研究の中でもう 1 つ注目されてきたのが命題論理における「p ならば q である」といった条件文の真偽の判断の問題である。この問題については最もよく知られているのが 4 枚カード問題（Wason, 1966）を巡る研究である。この課題のオリジナル版（Wason, 1966）では，実験参加者には「E」「K」「4」「7」の 4 枚のカードが与えられ，「片面が母音ならば，もう片面は偶数である」という規則が成立するかを判断するために最低限めくるべきカードは何か，を答えることが求められる。この場合，検討すべき規則は「p ならば q」という論理的な条件文として考えられ，4 枚のカードはそれぞれ，「p である」「p ではない」「q である」「q ではない」に対応する。したがって規則の真偽に関わるカードは「p である」と「q ではない」を表すカードだけであり，ここでは正答は「E」と「7」になる。このように形式的には非常に単純な問題であるにもかかわらず，10％程度といったオリジナル版の正答率の低さ（Wason, 1966）や，問題に含まれている文脈の操作で正答率が変化する主題化効果（Wason et al., 1971）といったさまざまな知見が 4 枚カード問題には知られ，多くの研究者の関心を集めてきた。

主題化効果の有名な例として，グリッグら（Grigg et al., 1982）の飲酒と年齢の問題がある。この問題は，個々のカードを 1 人の人物と見立て，カードの片面にその人物の年齢，もう片面に飲んでいる飲み物が書かれているとしたうえで，「ビールを飲んでいるならば，20 歳以上でなければならない」というルールが「ビール」「コーラ」「22 歳」「16 歳」と書かれた 4 枚のカードにあてはまっているかを確かめるのに最低限めくらなければならないカードを選ぶものである。この問題は論理的にはオリジナルの問題と同じものであるにもかかわらず，70%以上の回答者が正解した。この主題化効果に対する説明として，実生活の中で帰納的に学習した知識構造に一致することが回答を促進するとする実用的推論スキーマ説（pragmatic schema hypothesis；Cheng et al., 1985），規則が社会契約を含んでいるときに裏切り者検知モジュールが発動するために生じるとする社会交換説（Cosmides, 1989）などが知られている。

オークスフォードら（Oaksford et al., 1994）は，4枚カード問題のカード選択は，カードの面に記してある内容に関する複数の仮説を比較するための情報を得ようとしていると解釈した。そしてその解釈から，4枚カード問題研究において p と q を選択する誤答が典型的であるのは，実験参加者が「p と q がともに成立していることはまれである」という稀少性仮定（rarity assumption）をおいてカード選択をしているためと説明した。すなわち，オークスフォードら（Oaksford et al., 1994）は，人間は4枚カード問題のような実験状況では，稀少性仮定の下での最適データ選択（optimal data selection）を行っているとし，一見論理的規範解からの逸脱と考えられた一般的な回答傾向が実は合理的な行動であるという解釈を与えている。

III　判断と意思決定

1．判断におけるヒューリスティック

上で取り上げてきたような問題解決や推論の課題と異なり，私たちが日常生活の中で下す判断は関連する情報が不足していたり，逆に膨大すぎて何を用いればいいかわからなかったり，情報自体が不確実であったりすることがほとんどである。このような不確実状況下での判断や意思決定についてこれまでしばしば指摘されてきたのは，人間はさまざまなヒューリスティックと呼ばれる簡便法を用いて不確実状況における判断を下している可能性である。ヒューリスティックとは，つねにうまくいくというわけではないが多くの場合よい判断を導いてくれる方略のことである。このようなヒューリスティックの代表例として，利用可能性ヒューリスティック（availability heuristics），係留と調整ヒューリスティック（anchoring and adjustment heuristic），代表性ヒューリスティック（representative heuristic）といったものが知られている。

利用可能性ヒューリスティックは，ある出来事の起こりやすさを見積もるときに，その出来事をどの程度思いつきやすいかを判断材料とすることである。たと

えば，アルファベットの「r」で始まる単語と「r」が3文字目に来る単語のどちらが多いかを判断させると，実際には後者の単語の方が多いにもかかわらず，前者と解答する回答者の方が多くなる（Tversky et al., 1973）。

係留と調整ヒューリスティックとは，数値的な判断を求められた際に身近にある数値を，判断とは本来無関係であっても基準として用い，みずからの判断をその数値に合わせて調整してしまうことである。たとえば，国連加盟国におけるアフリカ諸国の比率を回答させる場合，そのアフリカ諸国の比率が10％より上かどうかを選択させてから回答させる場合と65％より上かどうかを選択させてから回答させる場合では，後者の方が高くなる。これは，本来正答とは無関係である「10％」「65％」といった数値を回答者が基準として用いているためであると考えられる。

代表性ヒューリスティックとは，ある対象がある集団に属する確率の判断を，実際の確率やデータではなく対象が集団を代表する主観的な程度に基づいて下すことである。たとえば，表裏で偏りのないコインをでたらめに6回投げたとき，表－裏－表－裏－裏－表と出る場合と，表－表－表－裏－裏－裏と出る場合では，出る確率自体は同じ（$1/2^6$）にもかかわらず，前者の方が後者よりも出やすいと見なされる。これは，前者の系列の方が回答者の考える「でたらめ」な系列の代表例に近いためであると考えられる（Tversky et al., 1973）。

2．不確実状況における意思決定

意思決定とは，不確実さを含んだ結果の「よさ」をどのように評価し，決定に結びつけるか，という問題を解決する行為と考えることができる。すなわち，目の前の状況に対してとりうる行動の選択肢が複数あり，その選択肢の中でも状況によって起こりうる結果は異なりうる。たとえば，傘を持って家を出るかどうかを考える場合，選択肢としては傘を持っていく，持っていかない，の2通りであり，かつそれぞれの選択肢の中で晴れ，雨のときに伴う結果の意味は異なる。加えて，どれくらい晴れ，もしくは雨になりやすいかも考えなければならないだろう。意思決定とは，このような状況で，それぞれの選択肢の中で起こりうる結果を，個々の不確実さを考慮したうえで評価し，その評価をまとめ，選択肢の比較を行うことを求められる。

このような意思決定が従うべき行動基準と考えられているのが期待効用理論である。期待効用とは，まさに効用の期待値であり，不確実な結果を伴う選択肢の「よさ」を測るものさしといえるものである。しかしながら，人間の意思決定がこのようなものさしに従わないことがこれまでさまざまな研究によって明らかにされてきた。

その最も古典的な例が，アレイ（Allais, 1953）のパラドクスである。ここで，以下の２種類の賭けを見てみよう。

［賭け 1］
A：確率 1 で 1,000,000 ドルもらえる
B：確率 0.10 で 5,000,000 ドル，確率 0.89 で 1,000,000 ドル，確率 0.01 で 0 ドルもらえる

［賭け 2］
C：確率 0.11 で 1,000,000 ドル，確率 0.89 で 0 ドルもらえる
D：確率 0.10 で 5,000,000 ドル，確率 0.9 で 0 ドルもらえる

ここで賭け２の２つの選択肢はそれぞれ，賭け１の２つの選択肢から「確率 0.89 で 1,000,000 ドル」の部分を引いたものに相当する。したがって，もし一貫したものさしに基づいて決定を下すのであれば，賭け１で A を選択した者は，賭け２では C を選択しなければならない。しかしながら前者の賭けでは A が，後者の賭けでは D を選ぶ実験参加者が多いことが知られている（Allais, 1953; Kahneman et al., 1979）。このような選択結果は，比喩的にいえばものさしをあてる位置によってものの大きさの大小関係が変わることを意味し，人間の意思決定が一貫したものさしに従わないことを示すものである。

このような期待効用理論からの矛盾への体系的な説明を目指したのがプロスペクト理論（prospect theory；Kahneman et al., 1979）である。この理論は，意思決定に関連する認知過程として，編集（editing）と評価（evaluation）の２段階を仮定し，編集段階で選択肢を評価しやすい形に変形し，評価段階で価値関数と確率加重関数に基づいて選択肢をプロスペクトで表現し，意思決定を予測するものである。価値関数と確率加重関数の基本的な形状を示したものを図３に示す。図の左側に示されるのが価値関数の形状であり，これは「〜円」といった客観的な価値を主観的な価値へと変換する関数である。この図を見るとわかるように，この価値関数は利得領域と損失領域で形状が異なっており，利得領域よりも損失領域の方で変化に対して敏感になっている。このような価値関数の性質は損失忌避（loss aversion）と呼ばれている。一方，右側に示されている確率加重関数は，与えられた確率を決定加重へと変換する関数であり，低確率の過大評価，高確率の

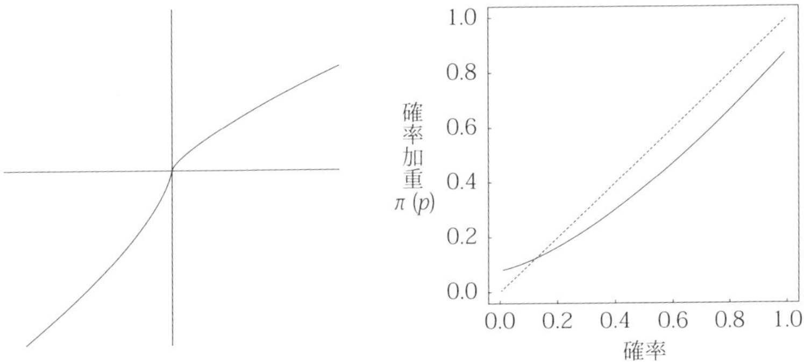

図 3　カーネマンらの研究で提案された価値関数（左図）と確率加重関数（右図）（Kahneman et al., 1979）

過小評価という性質を有している。

プロスペクト理論のもう 1 つ重要な特徴は準拠点依存という性質である。この準拠点依存とは，人間の判断は結果そのものではなく基準となる準拠点からの変化に依存するというものである。この準拠点依存をよく表す現象として，フレーミング効果（Tversky et al., 1981）がある。このフレーミング効果とは，意味的には同じ選択であっても，選択の表現によって決定が変わることを指す。ここで以下の 2 つの選択課題を見てみよう。

［賭け 1］
下の 2 つのうちどちらを選びますか？
A：確実に 5,000 円もらう。
B：20,000 円もらえる確率が 25%，何ももらえない確率が 75%のくじを引く。

［賭け 2］
まずあなたに 20,000 円与えられます。そうなったとして，下の 2 つのうちどちらを選びますか？
A：その 20,000 円から確実に 15,000 円失う。
B：その 20,000 円から何も失わない確率が 25%，20,000 円失う確率が 75%のくじを引く。

これら 2 つの賭けは，結果だけを見れば確実に 5,000 円を得るか，それとも 20,000 円を 25%の確率で得るといった，期待値の上では同じもの同士の選択をするという意味で同じ賭けである。このとき，前者のような確実に利益を得る選択肢をリスク忌避選択肢，後者のようなリスクを含む選択肢をリスク志向選択肢と呼ぶ。また，賭け 1 では「もらえる」という利得が，賭け 2 では「失う」という損失が強調された表現が用いられている。ここで前者のような表現を利得フレーム，後者のような表現を損失フレームと呼ぶ。そして，利益フレームの場合リスク忌避選択肢が，損失フレームではリスク志向選択肢が選ばれがちであることが知られている（Tversky et al., 1981）。

結果が同じであっても，何もない状態から 5,000 円増える場合と，20,000 円得た状態から 15,000 円を失って結果的に 5,000 円を得るのとでは感じ方が違うということである。これは，人間の判断が結果そのものではなく，準拠点と呼ばれる判断の基準となる値からの変化に依存することを意味している。

3．確率判断

さて，このような意思決定の土台となるのが確率である。確率とは物事の起こりやすさの度合いを 0 から 1 の間で数値化したものである。この確率という量が従うべきルールの 1 つにベイズの定理（Bayes theorem）がある。このベイズの定理は物事の起こりやすさに関する情報を得たのち，みずからの信念をどのように更新すべきかを確率的に示すものである。ここで，ある主体が与えられたデータ（D）をもとに，ある出来事（H）の起こりやすさに関する確からしさを見積もる状況を考えよう。ここで，$P(H)$ をデータを観測する前に主体が見積もっている H が起きる確率，$P(\text{not } H)$ をデータを観測する前に主体が見積もっている H が起きない確率とする。このとき，データ D が与えられたとして，その情報に基づいて主体はあらためて H の起こりやすさをどのように見積もるべきであろうか？

ベイズの定理はこのような確率の更新を定めるものであり，データ D を与えられた後の H の起こりやすさについて見積もるべき確率 $P(H|D)$ を

$$P(H|D)=\frac{P(D|H)P(H)}{P(D)}=\frac{P(D|H)P(H)}{P(D|H)P(H)+P(D|\text{not } H)P(\text{not } H)} \tag{1}$$

と定義するものである。ここで，$P(D|H)$ は H が起きると仮定した場合に D が起きる確率を指す。このベイズの定理で重要なのは，データを得た後に見積もるべき出来事の生起確率は，その出来事がそもそもデータを見る前にどれくらい起きると考えられていたかという，$P(H)$ に依存していることであり，その意味で $P(H)$ は H の起こりやすさを評価するうえでの基準比率（base-rate）と考えることがで

きる。しかしながら基準比率無視（base-rate neglect）に関する研究は，このようなベイズの定理に人間の判断が従わないことを示すものである。ここで基準確率無視を表す有名な問題として知られるタクシー問題（Kahneman et al., 1972）を見てみよう。

ある町では，タクシーは緑か青色で，全体の 85％は緑，残りが青である。この町でタクシーによるひき逃げ事件が起きた。目撃者があり，「犯人は青タクシーだった」と証言した。この証言の信頼度を見るために，事件当時と同様の条件で，タクシーの色の区別をテストしたところ，80％の場合，正しく識別できることが証明された。では，証言通りに青タクシーが犯人である確率は何％くらいだろうか？

この問題で求められているのは，目撃者の「犯人は青タクシーだった」という証言（*D*）の下で，実際に犯人が青タクシーである（*H*）確率を求めることである。そして，「犯人は青タクシーだった」という証言が得られるのは，実際に犯人が青タクシーで，目撃者が正しく青タクシーだったと証言したか，実際には犯人は緑タクシーで，目撃者が誤って青タクシーと証言したかのどちらかである。そして，青タクシーと緑タクシーの比率に偏り（15％ vs. 85％）があることから，この問題の答えは青タクシーの基準比率を踏まえたうえでこれら 2 つの場合の内で前者が占める割合を見積もる必要がある。これらをベイズの定理にあてはめると，答えは 41％になる。しかしながらこの問題の解答の最頻値は 80％であり，そもそも青タクシーが現れる確率が 15％であることを無視した場合に得られる確率と一致する。

確率判断における錯誤としてもう 1 つ有名なのが連言錯誤（conjunction fallacy；Tversky et al., 1983）である。これは，ある対象を記述する条件文が与えられたときに，その対象を表す命題文が連言である場合の方が，その連言を構成する個々の命題よりも成立する確率が高いと見なされる現象である。たとえば，条件文として「リンダは独身で聡明であり，差別に深い関心をもち，反核運動にも参加したこともある」と呈示された場合，「リンダは男女同権運動をしたことがある」，あるいは「リンダは銀行の出納係」であるよりも，「リンダは男女同権運動をしたことのある銀行の出納係」である確率が高いと判断される。この連言錯誤に対しトヴァスキーら（Tversky et al., 1983）は，実験参加者は連言錯誤課題に回答する際，連言と条件文の関係を確率的に捉えるよりは，条件文で与えられた記述と連言がどれだけ類似しているかという観点から評価を行うために連言錯誤が生じると説明している。

4．推論・意思決定のモデル

このように，人間が下す論理的判断や意思決定は，規範とされる解と比較してしばしば逸脱することが明らかにされている。では，なぜこのような規範からの逸脱が起きるのだろうか。

サイモン（Simon, 1957）は，人間がすべての情報を処理したうえでの最適化を行っているのではなく，ごく限られた情報の下で最適化とは異なった決定基準に基づき意思決定を下している（限定合理性をもつ）と考えた。実際の人間には直接記憶範囲のような認知能力の制約があるため，最適な解に必ず到達できるわけではない。したがって最適化を目指すより，最低限守るべき基準だけは満たせるような選択を行えるような意思決定を下すモデルの方が，人間の意思決定を記述するうえでは適切であると考え，現実の意思決定が従うべき基準は，自分にとってこの程度をクリアすれば最低限満足はできる，といったような主観的な基準である満足化基準（satisfying；Simon, 1957）であると主張した。この満足化基準は，最適化基準のようにつねに最適な意思決定を導くものではないが，多くの場合でそれなりに満足できる決定を導く，いわば目分量のような機能を果たしうる基準となりえるものといえる。

このようなサイモンの主張を踏まえ，ギガレンツァーら（Gigerenzer et al., 1999）は高速倹約ヒューリスティックと呼ばれる意思決定モデルを提案した。この高速倹約ヒューリスティックとは「最小限の時間・知識・計算によって現実環境における適応的決定を行う」（Gigerenzer et al., 1999, p. 14）ヒューリスティックを指す。このヒューリスティックは，人間が適応している自然環境を反映したものであり，少ない情報に基づいて効率的な決定を下すことを可能にする生態学的合理性を満たす決定方略と考えられている。ギガレンツァーらは人間の心はこのようなヒューリスティックをいくつも備えた適応的道具箱（adaptive toolbox）であり，状況に応じてさまざまなヒューリスティックを適応的に用いていると主張している。

また，人間の認知過程を直感的なプロセスと分析的なプロセスに区分して考える二重処理過程モデル（Kahneman, 2011; Stanovich, 2004）も近年，思考・推論の心理学的モデルとして大きな注目を集めている。カーネマン（Kahneman, 2011）の呼び方にならうと，人間の判断は効用理論や形式論理に従うような熟慮的，意識的思考に対応するシステム２（System 2）と感情や直感にしたがって素早く無意識的に判断を下すシステム 1（System 1）の 2 つから成り立っており，この 2 つのシステムの相互作用に基づいて下されると考えられる。

◆学習チェック
□ 問題解決について理解を深めた。
□ 論理的推論における人間の思考の働きについて理解を深めた。
□ 判断・意思決定における人間の判断の偏りについて理解を深めた。

より深めるための推薦図書

ギガレンツァー Gigerenzer, G.，小松淳子訳（2010）なぜ直感のほうが上手くいくのか？—「無意識の知性」が決めている．インターシフト．

カーネマン Kahneman, D.，村井章子訳（2014）ファスト＆スロー—あなたの意思はどのように決まるか？ 上・下．早川書房．

マンクテロウ Manktelow, K.，服部雅史・山祐嗣監訳（2015）思考と推論—理性・判断・意思決定の心理学．北大路書房．

文　献

Allais, M.（1953）Le comportement de Fhomme rationel devant le risque, critique des postulates et axiomes de l'ecole americaine. *Econometrica*, 21; 503-546.

Anderson, J. R.（1998）*The Architecture of Cognition*. Lawrence Erlbaum Associates.

Cheng, P. W. & Holyoak, K. J.（1985）Pragmatic reasoning schemas. *Cognitive Psychology*, 17; 391-416.

Cosmides, L.（1989）The logic of social exchange: Has natural selection shaped how humans reason? Studies with the Wason selection task. *Cognition*, 31; 187-276.

Duncker, K.（1945）*On Problem Solving*. (L. S. Lees, Trans.). Psychological Monographs: General and Applied, No. 270. (Original work published 1935).

Gick, M. L. & Holyoak, K.（1980）Analogical problem solving. *Cognitive Psychology*, 12; 306-355.

Gigerenzer, G., Todd, P. M. & ABC research group（1999）*Simple Heuristics That Make Us Smart*. Oxford University Press.

Grigg, R. A. & Cox, J. R.（1982）The elusive thematic-materials effect in Wason's selection task. *British Journal of Psychology*, 73; 407-420.

岩男卓実（1997）帰納推論の確証度判断における類似性とカテゴリの役割—類似・被覆モデルの検討．心理学研究，68; 410-416.

Johnson-Laird, N. P.（1983）*Mental Models: Towards a Cognitive Models of Language, Inference, and Consciousness*. Cambridge University Press.

Kahneman, D.（2011）*Thinking, Fast and Slow*. Penguin.

Kahneman, D. & Tversky, A.（1972）Subjective probabilities: A judgment of representativeness. *Cognitive Psychology*, 3; 430-454.

Kahneman, D. & Tversky, A.（1979）Prospect theory: An analysis of decision under risk. *Econometrica*, 47; 263-291.

Newell, A. & Simon, H. A.（1977）*Human Problem Solving*. Prentice-Hall.

Oaksford, M. & Chater, N.（1994）A rational analysis of the selection task as optimal data selection. *Psychological Review*, 101; 608-631.

Osherson, D. N., Smith, E. E., Wilkie, O. et al.（1990）Category-based induction. *Psychological Review*, 97; 185-200.

Simon, H. A.（1957）*Models of Man: Social, and Rational*. Wiley.

Stanovich, K.（2004）*The Robot's Rebellion: Finding Meaning in the Age of Darwin*. University of Chicago Press.

Tversky, A. & Kahneman, D.（1973）Availability: A heuristic for judging frequency and probability. *Cognitive Psychology*, 5; 207-232.

Tversky, A. & Kahneman, D.（1981）The framing of decisions and the psychology of choice. *Science*, 185; 1124-1131.

Tversky, A. & Kahneman, D.（1983）Extensional and intuitive reasoning: The conjunction fallacy in probability judgment. *Psychological Review*, 90; 290-315.

Wason, P. C.（1966）Reasoning. In: B. M. Foss (Ed.): *New Horizons in Psychology*. Penguin, pp. 135-151.

Wason, P. C. & Shapiro, D.（1971）Natural and contrived experience in a reasoning problem. *Quarterly Journal of Experimental Psychology*, 23; 63-71.

Woodworth, R. S. & Sells, S. B.（1935）An atmosphere effect in formal syllogistic reasoning. *Journal of Experimental Psychology*, 18; 451-460.

第11章

認知の個人差

小松佐穂子

Keywords　認知の個人差，IQ，知能検査，感情知性，選択的注意，ストループ干渉，逆ストループ干渉，全体処理，部分処理，大脳半球のラテラリティ

I 「認知」の「個人差」を研究する

知覚や認知の研究では，人が普遍的にもっている機能を明らかにする研究がほとんどである。その機能は実験の過程で，たとえば平均値で表現されるなどして，統計的検定にかけられる。一方，得られたデータのばらつき，つまり個人差（individual differences）は標準偏差で表現されることが多いが，データを記述する目的がほとんどである。

しかし，個人差そのものに焦点をあてた研究分野がある。差異心理学（differential psychology）と呼ばれ，個人間の差はもちろんのこと，性，年齢，人種，文化集団などの差も研究対象とする。目的は，個人や集団の特性がどのように異なるのか，ある特性の個人差が他の特性とどのような関係にあるのか，ある個人差は何が原因で生じるのかを明らかにすることにある。

個人差研究で対象とされる代表的な機能や特性には，この後述べる「知能」の他に，「パーソナリティ（personality）」がある。ジャーナル名に「individual differences」とつくものの中で *Personality and Individual Difference* は，パーソナリティ研究で有名なアイゼンク Eysenck, H. J. が創刊者兼編集者の，歴史あるジャーナルである。この事実からもわかるように，個人差研究はパーソナリティ研究とともにあった。心理学で個人差研究といった場合には，「パーソナリティ」を思いつく人も多いのではないだろうか。

しかし本章で述べるのは「認知」の個人差であり，まとめている書籍はそれほど多くない。近年，洋書では *Handbook of Individual Differences in Cognition*（Gruszka et al., 2010）が出版され，注意とワーキングメモリを中心に，脳神経科学からの

知見を多く含みながら，認知の個人差のモデルに迫っている。和書では『現代の認知心理学７認知の個人差』（箱田，2011）において，認知心理学の著名な研究者が進化心理学，行動遺伝学，神経心理学の観点から，また現場での実践・応用の観点からまとめている。したがって，認知の個人差研究は他の分野ほど，系統的にまとめられているわけではなく，これからさらに発展が期待される分野であろう。

本章ではまず知能の話から始めるが，それ以降は，心理学のテキストで普段トピックスとして扱われているものを選び出し，メインに取り上げた。それは本章のテーマである認知の個人差と重要な関連があるだけでなく，臨床の現場でもよく取り上げられる話題であるからだ。新しい知能観である「感情知性（EI）」，選択的注意と関連した「ストループ干渉•逆ストループ干渉」，部分を見るか全体を見るかという「部分処理・全体処理」を取り上げ，それぞれの測定方法や他の特性，障害との関連，脳内機序などについて述べたい（なお，ワーキングメモリの個人差を測定する方法としてリーディングスパンテストがあるが，これについては第７章を参照のこと）。

II　IQ と EI の個人差

1．知能の個人差

知能（intelligence）は，とくに個人差の面に焦点があてられ，19 世紀後半から研究が始められている。定義は非常に難しいのだが，一般的な頭のよさや認知能力のことといえるだろう。たとえば，記憶力や情報処理の速度であったり，理解力，推理能力，問題解決能力など，さまざまな側面をもっている。新しい環境に適応する能力なども知能の重要な側面である。

知能の科学的研究は，イギリスの遺伝学者および心理学者のゴールトン Galton, F. によって始められている。ゴールトンは，性格や知能，疾病などを遺伝的要因から捉えようとし，音楽家バッハなどの家系研究をした人物としても有名である。従兄であるダーウィン Darwin, C. の進化論思想の影響を受け，人間のさまざまな身体特徴や精神機能の「個人差」を測定し研究を行った。まさに個人差研究の先駆者である。

そして，はじめて知能を測定しようとしたのは，フランスの心理学者ビネー Binet, A. であった。当時のフランスでは，学校教育制度の中で普通教育についていけない子どもたちが多くいたことが問題となっていた。そこでパリ市の教育当局はビネーに，普通教育についていける子とそうでない子を見分けるための方法を開発するように求めた。そこでビネーは，シモン Shimon, T. の協力を得て，1905年にビネー・シモン知能検査を開発したのである。この検査は複数の異なる問題からなっており，正答率に従って簡単な問題から難しい問題へと系列化された検査であった。このようにして，知能の個人差の測定が可能になった。

その後，ビネーの知能検査はアメリカの心理学者ターマン Terman, L. M. によって大きく発展し，そこで新たに知能指数，いわゆる IQ（intelligence quotient）の概念・指標が導入された。IQ は，検査結果から導き出される精神年齢を，実際の年齢（生活年齢）で割ったものに 100 をかけた指標であり，精神年齢と生活年齢を考慮に入れた知能の指標である。年齢に応じた知能をもっていれば 100 となる。このようにして，知能の個人差は客観的に表現されるようになった。

2．知能検査の開発

現在，日本で広く用いられている知能検査には，ビネー法に基づいたものでは，心理学者の鈴木治太郎によって開発された鈴木・ビネー式知能検査，田中寛一によって開発された田中・ビネー式知能検査がある。もともとのビネーの知能検査がおもに子どもを対象としていたため，鈴木・ビネー式は 2 歳から 18 歳 11 カ月が対象とされている。一方，田中・ビネー式は 2 歳から成人までを対象としているが，子どもの知能発達に主眼をおいた検査である。

ビネー式以外によく用いられる知能検査としては，アメリカの心理学者ウェクスラー Wechsler, D. が開発したウェクスラー式知能検査がある。ウェクスラー式検査の特徴は，対象年齢ごとに検査が分けられている点であり，幼児向けの WPPSI（3 歳 10 カ月から 7 歳 1 カ月），児童用の WISC（5 歳～ 16 歳），成人用の WAIS（16 歳～ 89 歳）がある。

各検査方法には，個人で実施する個別式知能検査と，集団で実施できる集団式知能検査がある。先に述べた知能検査はすべて個別式検査である。一方，集団式知能検査の代表例としては，田中 B 式知能検査，東大 AS 知能検査，京大 NX 知能検査などがある。学校教育現場などで，学級単位で一度に検査を実施したいときに活用される。

これらの知能検査は，時代や新たな知能理論に従って改訂もされていく。近年改訂されたものとしては，日本語版において 2011 年に WISC- Ⅲが WISC- Ⅳに改訂された例がある（WISC- Ⅴの日本語版も準備されている）。WISC- Ⅲでは言語性 IQ（言葉を材料とする言語性検査で測定する）と動作性 IQ（符号や図形を材

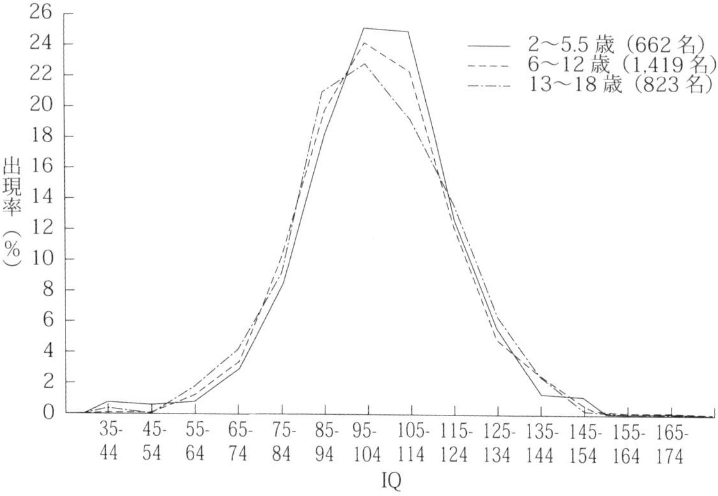

図１　IQ の分布（Terman et al., 1937）

料とする動作性検査で測定する）が算出される点が大きな特徴であった。しかし，WISC-Ⅳではこれら２つの IQ が廃止され，言語理解（VCI），知覚推理（PRI），ワーキングメモリ（WMI），処理速度（PSI）という４つの下位検査に基づいた指標が算出される形になっている。

３．IQ の分布

IQ の分布，すなわち個人差の散らばりは逆 U 字型である。たとえば図１は，ターマンら（Terman et al., 1937）の研究で測定されたサンプルである。アメリカの複数の州からサンプリングされた２歳から 18 歳までの計 2,904 名の IQ の分布である。各年齢群に共通して，平均である 100 あたりが最も多く，平均から遠ざかるにしたがって，IQ が高い方にも低い方にも少なくなっていく。大多数が平均的な知能をもっていて，極端に高い人あるいは低い人というのはあまり見られない。

４．新たな知能観――感情知性（EI）

以上が IQ などで表現される一般的な知能の話であったが，近年，新たな知能に注目が集まっている。それは「感情知性（emotional intelligence：以下，EI）」と呼ばれ，日本では EQ（emotional intelligence quotient）や「心の知能指数」という言葉で一般的に広まっている。EI は簡単に説明すると，自分や他者の感情を表したり，認知したり，コントロールしたりする力のことであり，おもに対人コミュニケーションなどの社会的場面で働く。EI の高い人は対人コミュニケーション力が長けており，さらに社会的に成功しているというイメージをもたれたことから，EI は世間に注目された。

EI の概念をはじめて定義したのは，サロヴェイ Salovey, P. とメイヤー Mayer, J. D. である（Salovey et al., 1990）。古代ギリシア時代の哲学から「感情」と「知能・知性・認知」は相対するものとして捉えられてきた部分もあり，知能の話に感情が絡む余地はないように考えられてきた。しかし，ネコの問題箱実験や試行錯誤学習で有名なソーンダイク Thorndike, E. L. が，他者を理解したり操作したり対人関係でうまく行動したりする際に働く知能として「社会的知能（social intelligence）」という言葉を用いたり，多重知能の理論で有名なガードナー Gardner, H. がその理論の中で「個人内知能（intrapersonal intelligence：自分を理解するための知能）」と「対人間知能（interpersonal intelligence：他者を理解するための知能）」について述べたりしており，これらが 1990 年にサロヴェイたちが EI という新しい概念を生むきっかけとなった。

サロヴェイとメイヤーが提案した EI モデルによると，EI は 4 つの下位概念からなっており，それらは「感情の知覚」「感情による思考の促進」「感情に対する理解」「感情のマネジメント」である。彼らの EI モデルは「4 枝モデル」と呼ばれると同時に，EI を「能力（ability）」と捉えていることから「能力モデル」とも呼ばれている。ここでわざわざ「能力と捉えている」と説明したのは，他の EI 研究者の中には「能力」ではなく，EI を「特性（trait）」や「パーソナリティ」の一部だと捉える研究者もいるためである。ペトリデス Petrides, K. V. は，EI には特性的な要素もあり，それを能力的 EI（ability EI）と区別して特性的 EI（trait EI）とし，別個のものとして概念化している（Petrides et al., 2001）。つまり，19 世紀後半から 100 年以上研究されている知能に比べて，ようやく 30 年を経た EI の研究は，EI が能力なのか特性なのかという本質的な問題が議論されている。

5．EI の個人差を測定する

EI が能力なのか特性なのかという議論の背景には，実は EI を測定するテストに問題が隠れている。メイヤーら（Mayer et al., 2002）は，IQ を算出する知能検査のように，EI を客観的なパフォーマンスで測定するために MSCEIT テストを作成した。たとえば，4 枝モデルの「感情の知覚」の EI を測定するためには，被検者に表情写真を見せて，喜び，怒りなどの各感情がどの程度知覚されるかを 5 段階評定で解答させた。個人のEIは，標準化データとの一致度で表現される。つまり，多くの人々と同じ解答をした被検者は，テスト得点が高くなる。MSCEITテストは，客観的なEI指標または能力的EIを測定するテストとして，多くのEI研究で用いられている。

その一方で，質問紙などを使用して主観的に評価をする方法（たとえば，「あなたは，怒りをコントロールしますか」の質問項目に対して５段階評定で解答する）も開発された。そして，これらの能力テスト結果と質問紙による測定結果は，どちらもEIを測定しているが，ほぼ無相関であることが明らかにされた（たとえば，Warwick et al., 2010）。したがって，それぞれで測定されているEIは異なる背景メカニズムをもち，能力テストで測定されるのは能力的EI，質問紙で測定されるのは特性的EIであるという考え方が生まれたのである。

最近のEI研究では，はじめからこれらのEIを完全に別個のものとして扱う研究も散見する。今後，感情の発達などの観点も含みながら，EI研究はさらに進んでいくだろう。

III　ストループ干渉と逆ストループ干渉の個人差

1．ストループ干渉・逆ストループ干渉とは

ストループ効果，またはストループ干渉とは，ストループ Stroop, J. R. によって研究された現象である（Stroop, 1935）。たとえば，青色のインクで書かれた「あか」という文字のように，文字が表す色名とその文字のインクの色が一致しない場合，インクの色を答える反応時間が遅くなったり，正答率が下がったりするなどの干渉が起こる。

ストループ効果ははじめ，口頭反応で研究が行われていた。つまり，青色のインクで書かれた「あか」という文字に対して，そのインクの色を口頭で答えるとき（この場合，「あお」と答えるのが正しい），インクの色が同じ赤色の場合（一致条件）や，文字ではなく色パッチのインクの色を答える場合（統制条件）に比べて反応が遅くなったり，正答率が低くなったりする。これがまさに「ストループ干渉」であるが，インクの色ではなく，文字が表す色名の方を口頭で答えるとき（先の例では，「あか」と口頭で答えるが正しい）では，一致条件よりも反応が遅くなったり正答率が低くなったりするなどの干渉は起こらなかった（Stroop, 1935）。そこで，色名の命名には色からの干渉は起こらないと考えられていた。

しかし，反応様式を口頭反応ではなく，色パッチ群からその文字が表している

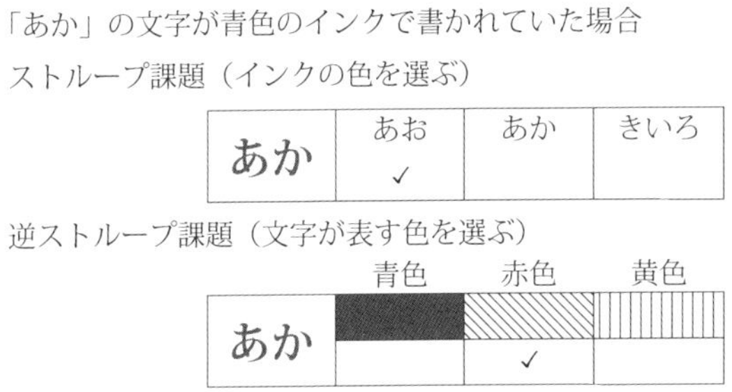

図 2　ストループ干渉課題と逆ストループ干渉課題（マッチング反応様式）

色パッチを選択する（先の例では，赤色の色パッチを選択するのが正しい）という方法，すなわちマッチング反応様式にすると（図 2），色からの干渉が観察されたのである（箱田ら，1990）。これが「逆ストループ干渉」である。

2．ストループ干渉・逆ストループ干渉と選択的注意

ストループ干渉，または逆ストループ干渉には，ある特定の情報に選択的に注意を向ける，選択的注意が関与している。なぜなら，ストループ干渉課題では文字の情報を無視して干渉を制御し，色情報の方に選択的注意を向ける必要があるからだ。一方，逆ストループ干渉課題では色情報からの干渉を制御して，文字情報の方に選択的注意を向ける必要がある。

なぜストループ干渉・逆ストループ干渉が生じるのか，という干渉の生起メカニズムそのものに関しては，これまでに非常に多くの研究が行われている。しかし，メカニズムの方ではなく干渉の個人差が注目されるとき，ストループ干渉・逆ストループ干渉は，選択的注意能力の個人差を表す指標として研究などで利用される。たとえば，景山ら（2010）は，潜水訓練を行っている海上自衛隊員を対象に，物理的ストレスが認知能力に与える影響を検討し，その際に選択的注意能力の指標としてストループ干渉・逆ストループ干渉を用いている。潜水時の高圧暴露環境という物理的ストレスが干渉率に与える影響を調べた結果，両干渉は環境圧が最大のときに最も大きくなり，その後，環境圧の低下に従って小さくなっていった。このことから，環境圧という物理的ストレスに応じて，選択的注意能力が変化していることが明らかにされた。

3．干渉の個人差を測定する

以上のように両干渉は，選択的注意能力の指標として研究に用いられ，個人差

について検討されている。

まずストループ干渉の個人差を測定するためには，これまでに集団式テストがいくつか作成されている。たとえばゴールデン・ストループテスト（Golden, 1975）は，３つの課題からなっており，１つ目の課題は，黒色のインクで「RED」「GREEN」「BLUE」という色名単語が紙に印刷されており，それぞれの単語，文字を読む課題である（インクの色の統制課題)。２つ目の課題は，赤，緑，青色のインクで「XXXX」の文字が印刷されており，インクの色を答える（文字の統制課題)。３つ目は「RED」「GREEN」「BLUE」という色名単語が，その表す色とは異なるインクの色で印刷されており，インクの色を答える（干渉課題)。そして，制限時間内に各課題をどれだけ正答できるかが測定される。

さらに逆ストループ干渉の方もマッチング反応を用いることで観察されるようになり，箱田ら（1990）はマッチング反応様式の集団式ストループ･逆ストループテストを作成し，両ストループ干渉を同一のテストで測定できるようにした。このテストは４つの課題からなっており，課題１は逆ストループ統制課題（黒インクで書かれた文字を見て，文字が意味する色を色パッチ群の中から選択する)，課題２は逆ストループ干渉課題（文字が表す色名とインクの色が一致しない文字を見て，文字が意味する色を色パッチ群の中から選択する)，課題３はストループ統制課題（色パッチを見て，その色を表す色名単語を選択する)，課題４はストループ干渉課題（文字が表す色名とインクの色が一致しない文字を見て，インクの色を表す色名単語を選択する）となっている。制限時間を設けて各課題を実施し，テストの結果としては４つの課題の正答数の他に，逆ストループ干渉率（課題１の正答数から課題２の正答数を引き，課題１の正答数で割る）とストループ干渉率（課題３の正答数から課題４の正答数を引き，課題３の正答数で割る）が算出される。

箱田ら（1990）の集団式テストを用いて測定された両ストループ干渉間の相関を見ると，無相関であることが明らかにされている（松本ら，2012)。このことは，２つの干渉が異なる生起メカニズムをもっていることを示唆している。

４．精神疾患・発達障害との関連

ストループ干渉・逆ストループ干渉はこれまでに，精神疾患や発達障害との関連が明らかにされている。

佐々木ら（1993）は統合失調症患者に対して，箱田ら（1990）の集団式ストループ･逆ストループテストを実施した。その結果，20 歳代では逆ストループ干渉が，30 歳代，40 歳代，50 歳代ではストループ干渉が，統合失調症群で有意に大きくなった。さらに，統合失調症の症状の中の「衝動の制御」と逆ストループ干渉との間に密接な関連が認められた。これらの結果から，統合失調症では選択的注意能力・干渉制御能力の低下が見られること，そして逆ストループ干渉は衝動の制御との関連が示され，患者の症状と選択的注意能力の関連が明らかにされた。さらにそれぞれの干渉の低下が年代によって異なることも併せて，ストループ干渉と逆ストループ干渉の背景メカニズムが異なることが示唆されている。

そして発達障害の中で選択的注意能力が問題となるのは，やはり注意欠如・多動性障害（Attention-Deficit Hyperactivity Disorder：AD/HD，以下，ADHD）であろう。宋ら（Song et al., 2011）は，ストループ干渉・逆ストループ干渉と ADHD の関連を明らかにした。ADHD のサブタイプである不注意優勢型（ADD，もしくは ADHD-I）の子どもに対して，先に述べた集団式ストループ・逆ストループテストを実施した。その結果, ストループ干渉では ADD 群と健常群間の有意差は見られなかったが, 逆ストループ干渉において ADD 群の有意な低下が見られた。逆ストループ干渉においてのみ，ADD 群の干渉制御の障害が明らかになったことについて，宋らは，脳イメージングの先行研究から前帯状皮質（anterior cingulate cortex：以下，ACC）の介在の可能性を考察している。ADHD 患者は ACC の活動が弱いこと, さらに ACC の背側部はストループ課題よりも逆ストループ課題遂行時により活動するという研究結果に基づき，ACC の関与を指摘している。

5．ストループ干渉・逆ストループ干渉の脳内機序

宋ら（Song et al., 2011）の研究結果から，逆ストループ干渉と ACC の関連が示唆されたが，両干渉にはどの脳領域が関係しているのだろうか。

宋ら（Song et al., 2015）は, ストループ干渉と逆ストループ干渉の脳内機序を調べるために，fMRI を用いて健常な成人 20 名を対象にストループ課題・逆ストループ課題を行っているときの脳活動を測定した。その結果，ストループ干渉では両側の中前頭回の活動が見られた。一方，逆ストループ干渉では複数の脳領域の活動が見られ，中前頭回の他にも，内側の前頭回，帯状回の活動が見られた。したがって，ストループ干渉と逆ストループ干渉は異なる神経メカニズムで生起していることが示された。両干渉の個人差は，これらの領域の活動の違いに起因すると考えられる。

以上のように，ストループ干渉と逆ストループ干渉は，選択的注意能力の指標として用いられ，集団式テストが開発されて個人差の測定が可能になっている。

それぞれの干渉の脳内機序も明らかにされつつあり，今後さらに，認知機能のスクリーニング検査に応用されるなどして臨床場面での活用が期待される。

Ⅳ　全体処理と部分処理の個人差

1．大域処理と局所処理――ナヴォン課題

さまざまな情報に囲まれて生活している私たちにとって，どのように外界からの情報を取り入れ処理するかは，とても重要である。その場の全体に目を向けるのが得意な人もいれば，一部であってもそれを緻密に捉えることが得意な人もいるだろう。ここでは，情報処理の個人差としての全体情報処理と部分情報処理について取り上げる。

全体処理と部分処理について述べるために，まずはナヴォン（Navon）図形を用いた研究の話から始める。

ナヴォン図形とは，小さな文字（部分文字）で大きな文字（全体文字）を構成するような複合パターンのことである（図3）。たとえば，小さなSの文字で大きなSの文字を形作ったり（一致条件），小さなSの文字で大きなHの文字を形作ったりする場合があり（不一致条件），小さな文字の方に注意を向ける処理を局所処理（local processing：部分処理），大きな文字の方に注意を向ける処理を大域処理（global processing：全体処理）という。そして，この図形を用いて研究を始めたナヴォンNavon, D.の名前をとって，ナヴォン図形と呼ばれる。

ナヴォン（Navon, 1977）は，実験参加者にナヴォン図形を短時間呈示して，大きな文字が何かを判断する条件（大域指向条件）と小さな文字が何かを判断する条件（局所指向条件）の反応時間を比較した。さらに各条件で，小さな文字と大きな文字が一致する場合と一致しない場合を比較した。実験の結果，局所指向条件よりも大域指向条件の方が反応時間が短かった。さらに，大域指向条件では小さな文字と大きな文字の一致・不一致で反応時間に差はなかったが，局所指向条件では一致よりも不一致の場合に反応時間が遅くなったことから，大域情報のみ局所処理に干渉することが明らかになった。したがって，局所処理よりも大域処理が優位であるというこれらの結果を，ナヴォンは「大域優先性（global precedence）」と述べ，「木よりも森が先である（Forest before trees）」と表現した（Navon, 1977）。

一致条件

```
SSSSS        H   H
S            H   H
SSSSS        HHHHH
    S        H   H
SSSSS        H   H
```

不一致条件

```
HHHHH        S   S
H            S   S
HHHHH        SSSSS
    H        S   S
HHHHH        S   S
```

図3　ナヴォン図形の例

2．全体処理傾向と部分処理傾向の測定

ナヴォン課題を用いた研究から，一般的には部分処理（局所処理）よりも全体処理（大域処理）の方が優位であることが示された。しかしその個人差を見てみると，全体処理傾向が強い人もいれば，部分処理傾向が強い人もいる。

全体処理が優位か部分処理が優位か，さらに全体情報および部分情報への注意の切り替え能力の個人差を測定するための検査が開発されている。大橋ら（1999, 2001）は，複合数字抹消検査（Compound Digit Cancellation Test：以下，CDCTテスト）を開発した。たとえば自動車・電車・飛行機などの運転，建設，保守点検など現場での実務作業の際に，全体情報と部分情報への注意の切り替え能力がとても重要であることから，情報処理傾向や注意切り替え能力の個人差を測定するために開発されたものである。

検査方法は，小さな数字で大きな数字を構成するナヴォン図形（複合数字）を見て，小さな数字もしくは大きな数字のどちらかに，ターゲットとなる数字が含まれている場合に，その図形をチェックさせ（抹消させる），制限時間内に何個チェックできたかを測定する方法である。CDCTテストは改良が重ねられており，現在では，作業成績として全体数字の検出率（以下，G％）と部分数字の検出率（以下，L％）という処理傾向の他に，連続抹消条件で，注意の切り替え能力が測定できる。連続抹消条件とは直前のターゲット図形が次のターゲット図形の検出に影響があるかを調べることができる条件であり，直前が全体数字のターゲットであった場合に，次の全体数字を検出できた率（GG％）または部分数字を検出できた率（GL％），直前が部分数字のターゲットであった場合に，次の全体数字を検出できた率（LG％）または部分数字を検出できた率（LL％）の4指標を算出す

ることで，たとえばGL％は全体処理から部分処理に注意を切り替える能力を反映し，LG％は部分処理から全体処理に切り替える能力を反映する。

3．パーソナリティ・発達障害との関連

CDCTテストを用いて，パーソナリティなど他の特性の個人差との関連が明らかにされている。矢田部･ギルフォード性格検査（以下，YG検査）との相関を見た結果，L％が高い人はYG検査の安定積極型との相関が高く，つまり情緒面が安定し活動的な人は部分処理傾向が高いことが示された。また全体処理傾向の高い人は，情緒不安消極型との相関が認められている（大橋ら，2001）。

また，全体に注意を向けるか部分に注意を向けるかにはやはり，ADHDとの関連が考えられる。宋ら（Song et al., 2012）は，CDCTテストを含むナヴォン課題を使用して，ADHDとの関連を調べている。先述のADHDのサブタイプであるADD型の子どもを対象に，CDCTテストを実施した結果，L％では健常群とADD群の有意差は見られなかったが，G％ではADD群の方が有意に成績が低かった。注意の切り替え能力では，ADD群のみLL％よりLG％の方が有意に成績が悪くなった。これらの結果をまとめると，ADD群は部分処理傾向が強く，部分処理から全体処理への注意切り替えが難しいといえる。

また宋ら（Song et al., 2012）は同時に，ナヴォン課題に統制条件を設けた実験も行っている。全体処理の統制条件は部分数字ではなくドットで全体数字を形作る図形（部分数字からの干渉がない）を用いており，部分処理の統制条件は全体数字を形作るのではなく，部分数字で長方形を形作る（全体数字からの干渉がない）図形を用いた。そして全体処理と部分処理についてそれぞれの統制条件との差分をとることで，全体情報からの干渉率と部分情報からの干渉率を算出した。その結果，健常群と比べてADD群は，全体情報から受ける干渉は小さく，部分情報からの干渉が大きかった。これらの結果も，ADD群における部分処理傾向の強さを示すものである。

4．全体処理・部分処理と脳のラテラリティ

全体処理と部分処理の脳内機序については，大脳の左右半球との関連が指摘されている。左右の大脳半球間に機能差があるというラテラリティについては，たとえば左半球は言語，右半球は空間イメージに優位に関与しているなど，左右半球にどのような機能差があるかが研究されている。全体処理・部分処理に関してもラテラリティがあり，全体処理には右半球が，部分処理には左半球が優位に関

与しているといわれている。

ラテラリティを明らかにするために使われている研究法の 1 つが，左右視野にそれぞれ刺激を呈示して反応の違いを検討する方法である。サージェント（Sergent, 1982）は健常成人を対象に，左右の視野にナヴォン図形を呈示することで全体処理・部分処理の左右半球差について検討した。その結果，左視野に呈示したときは全体文字の判断が速く（つまり，右半球優位），右視野に呈示したときは部分文字の判断が速いこと（左半球優位）が明らかになった。

視野呈示の他にも，どちらか一方の半球を損傷した患者の症例研究において，同様の結果が明らかにされている。デリスら（Delis et al., 1986）は，片側脳損傷患者を対象に，ナヴォン図形の記憶実験を行った。その結果，右半球損傷患者は部分よりも全体の形を再生することが難しく，左半球損傷患者は全体を再生できても部分の再生にエラーが多かった。

さらにフィンクら（Fink et al., 1996）は健常者を対象に，ナヴォン図形を用いて全体文字もしくは部分文字に注意を向けている間の局所脳血流量（regional cerebral blood flow：rCBF）を測定した。その結果，全体文字に注意を向けているときには右の舌状回の血流量が増加し，部分文字に注意を向けているときは左の下後頭皮質の血流量が増加した。さらにどちらか一方の文字からもう一方の文字への注意の切り替えには，側頭－頭頂皮質の活動が関わっていた。以上の結果から，やはり全体処理には右半球（とくに，舌状回）が，部分処理には左半球（とくに，下後頭皮質）が関与していることが明らかになり，さらに全体処理と部分処理の切り替えに関わる脳領域も明らかになった。

全体処理・部分処理には処理傾向に個人差があること，そして各処理に左右半球の機能差があることから，大脳半球の機能優位性にも個人差があることが考えられる。

個人差を捉えることは臨床現場において，たとえば心理的アセスメントなどで対象の特性や能力を把握するために非常に重要である。本章ではとくに「認知」の個人差を取り上げた。知能以外に，EI や選択的注意を反映するストループ干渉・逆ストループ干渉，全体処理・部分処理の各個人差を把握することは，対象がどのように外界を知覚・認知し情報を処理しているかを捉える一助になるだろう。そのためにも，各認知機能の測定方法や障害との関連，脳内機序を知っておくことは重要である。そして，今後の認知の個人差研究のさらなる発展も期待されるところである。

◆学習チェック
□　知能および IQ について理解した。
□　知能検査について理解した。
□　ストループ干渉・逆ストループ干渉について理解した。
□　全体処理・部分処理について理解した。
□　認知の個人差の重要性について理解した。

より深めるための推薦図書

箱田裕司編（2011）現代の認知心理学７ 認知の個人差．北大路書房．

箱田裕司・遠藤利彦編（2015）本当のかしこさとは何か─感情知性（EI）を育む心理学．誠信書房．

石王敦子（1998）ストループ干渉に関する認知心理学的研究．風間書房．

八田武志（1984）右脳・左脳の心理学─脳のはたらきのしくみを探る．有斐閣．

文　　献

Delis, D. C., Robertson, L. C. & Efron, R.（1986）Hemispheric specialization of memory for visual hierarchical stimuli. *Neuropsychologia*, 24, 205-214.

Fink, G. R., Halligan, P. W., Marshall, J. C. et al.（1996）Where in the brain does visual attention select the forest and the trees? *Nature*, 382; 626-638.

Golden, C. J.（1975）A group version of the Stroop color and word test. *Journal of Personality Assessment*, 39; 386-388.

Gruszka, A., Matthews, G. & Szymura, B.（2010）*Handbook of Individual Differences in Cognition: Attention, Memory, and Executive Contro*l. Springer.

箱田裕司編（2011）現代の認知心理学７ 認知の個人差．北大路書房．

箱田裕司・佐々木めぐみ（1990）集団用ストループ・逆ストループテスト─反応様式，順序，練習の効果．教育心理学研究，38; 389-394.

景山望・箱田裕司・小沢浩二（2010）長期間の高圧環境暴露が認知能力に及ぼす効果．認知心理学研究，8; 63-72.

松本亜紀・箱田裕司・渡辺めぐみ（2012）マッチング反応を用いて測定したストループ・逆ストループ干渉の発達変化．心理学研究，83; 337-346.

Mayer, J. D., Salovey, P. & Caruso, D. R.（2002）*The Mayer-Salovey-Caruso Emotional Intelligence Test (MSCEIT): User's Manual*. Multi-Health Systems.

Navon, D.（1977）Forest before trees: The precedence of global features in visual perception. *Cognitive Psychology*, 9; 353-383.

大橋智樹・行場次朗（2001）複合数字抹消検査による全体・部分情報に対する注意制御特性．北陸心理学会第 36 回大会発表論文集，51-52.

大橋智樹・行場次朗・大槻孝介ら（1999）複合数字抹消検査による全体・部分情報に対する注意配分特性．平成 11 年度日本人間工学会関西支部大会講演論文集，65-68.

Petrides, K. V. & Furnham, A.（2001）Trait emotional intelligence: Psychometric investigation with reference to established trait taxonomies. *European Journal of Personality*, 15; 425-448.

Salovey, P. & Mayer, J. D.（1990）Emotional intelligence. *Imagination, Cognition and Personality*, 9; 185-211.

佐々木めぐみ・箱田裕司・山上龍太郎（1993）逆ストループ干渉と精神分裂病―集団用ストループ・逆ストループテストを用いた考察．心理学研究，64; 43-50.

Sergent, J.（1982）The cerebral balance of power: Confrontation or cooperation? *Journal of Experimental Psychology: Human Perception and Performance*, 8; 253-272.

Song, Y. & Hakoda, Y.（2011）An asymmetric Stroop/reverse-Stroop interference phenomenon in ADHD. *Journal of Attention Disorders*, 15; 499-505.

Song, Y. & Hakoda, Y.（2012）The interference of local over global information processing in children with attention deficit hyperactivity disorder of the inattentive type. *Brain & Development*, 34; 308-317.

Song, Y. & Hakoda, Y.（2015）An fMRI study of the functional mechanisms of Stroop/reverse-Stroop effects. *Behavioural Brain Research*, 290; 187-196.

Stroop, J. R.（1935）Studies of interference in serial verbal reactions. *Journal of Experimental Psychology*, 18; 643-662.

Terman, L. M. & Merrill, M. A.（1937）*Measuring Intelligence: A Guide to the Administration of the New Revised Stanford-Binet Tests of Intelligence*. Houghton Mifflin.

Warwick, J., Nettelbeck, T. & Ward, L.（2010）AEIM: A new measure and method of scoring abilities-based emotional intelligence. *Personality and Individual Differences*, 48; 66-71.

第12章

知覚・認知の障害

岩原昭彦

Keywords　統覚型視覚失認，連合型視覚失認，相貌失認，半側空間無視，前向性健忘，逆向性健忘，近時記憶，遠隔記憶

Ⅰ　視知覚の障害

私たちには自分の周りにあるいろいろな物体や人の顔があたりまえのように見えている。物体を見ればそれが何であるかわかるし，人の顔を見ればその人が誰であるかわかる。見えるということは，目に映ったものから意味を抽出し認識することである。反対に，物から意味が失われ，見ているものが何であるのかがわからなくなることがある。とはいえ，盲になったのとは違い，光が受容できないわけでもなければ姿形がまったく見えないわけでもない。見えるのにそれが何だかわからなくなる。普通であれば簡単かつ即座に認知できる能力が，見ることができるにもかかわらず障害されることがある。これを失認（agnosia）という。ここでは視覚モダリティに生じる視覚失認を取り上げることにする。

1．物体の視覚失認

視覚失認とは，視覚性に提示された物品の認知障害であり，他の感覚モダリティ（聴覚や触覚）を通じての認知は，良好に保たれている。物品を認知するのに必要となる視力や視野が保たれているにもかかわらず，物品を見てもそれが何であるのかがわからない状態であり，呼称することも，口頭や身振りで使用法を説明することもできない（石合，2012）。

2．統覚型視覚失認

リッサウエル（Lissauer, 1890）は，視覚失認を統覚型視覚失認（apperceptive agnosia）と連合型視覚失認（associative agnosia）とに大別した。統覚型視覚失

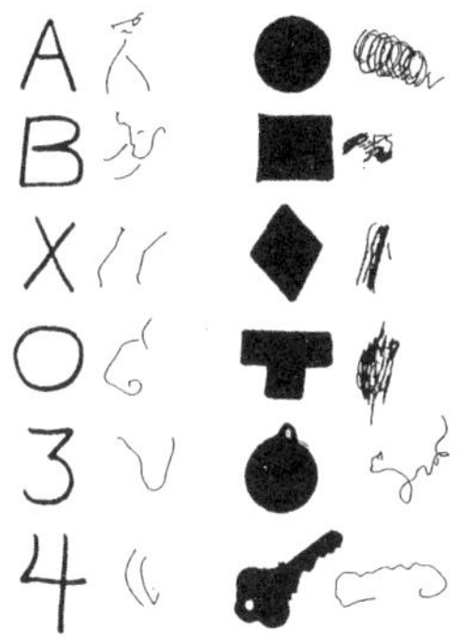
図 1　統覚型視覚失認患者の写字と模写

認は，視感覚の障害や色覚の障害，奥行き知覚の障害がないにもかかわらず，視覚認知過程が障害されているために物体を認識することができない状態のことで，刺激を意識的に知覚し弁別する能力の障害である。統覚型視覚失認の患者は，物理的な形態を正常に知覚できないために，物体を認識することができない。統覚型視覚失認では，視覚の感覚次元における刺激の差異を弁別するさまざまな能力は正常であるにもかかわらず，物体の形態的特徴を知覚することができない。

ベンソンら（Benson et al., 1969）は，一酸化炭素中毒から蘇生した 25 歳の男性について報告した。明るさや波長のわずかな違いを検出することに加え，物体のわずかな動きに反応することもできることから，視覚機能は保たれている。実際，廊下を物にぶつからずに移動することも色彩を命名することもできる。しかし，日常物品を見せると，色や大きさなどを手がかりとして，それが何であるのかを推測しているようではあるが，その物体を認識することができない。実物を見ても絵を見ても提示された物体が何であるかわからないし，文字や数字や図形などを目で見ても何かわからない。これらのことは，模写ができないこと（図 1）やマッチングができないことからも支持される。一方で，触覚や聴覚などの他のモダリティを使えば物体が何であるかわかる。

物に触ったり音を聴いたりすればそれが何であるかわかるということは，その物についての意味記憶は保たれていることになる。明るさや色などを弁別できることや物にぶつからずに歩けることは，物が見えていないわけではないことを示している。しかしながら，物を見ても何であるかわからない。統覚型視覚失認は，目で見た物体の表象が脳内で正確に像として成立していない状態であり，両側の後頭葉または後頭側頭葉の損傷によって起こる。

3．連合型視覚失認

連合型視覚失認は，物体の形態を比較的正確に知覚できるのだが，その物体が何であるのかを認識することができない状態で，患者が見たものを解釈する能力の障害である。連合型視覚失認の患者は，物体を見ることはできるのだが，通常の知覚表象から意味を剥ぎ取られた状態であるために，物体を認識することができない。連合型視覚失認では，模写や図形のマッチングが可能であるにもかかわらず，物品を見ても呼称ができないうえに用途などの意味を説明することもできない。つまり，視覚的に提示された物品に意味を付与することができないのである。

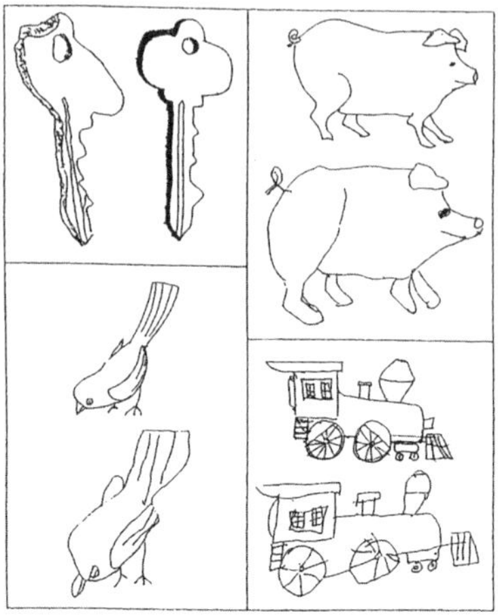

図２　連合型視覚失認患者の模写

ルーベンスら（Rubens et al., 1971）は，急性低血圧症の後遺症として特異な視覚障害を生じた 47 歳の男性について報告した。聴診器を見せると「長い紐の先に丸いものがついている。時計かな」と答える。しかし，鍵や眼鏡といった物品を手本なしでイメージに基づいて適切に描写することはできる。また，それらの物品についての意味を答えることはできるし，模写（図２）や図形のマッチングも可能である。知能検査や記憶検査の結果も良好である。しかしながら，自分で模写した物も目の前にある物もそれが何であるかわからない。色を見ても何色かわからないし，文字も読めない。一方で，日常物品は触ってみれば，食べ物は食べてみれば何であるかわかる。

知覚表象が脳内に成立していることは，模写が可能なことや図形のマッチング課題の成績が高いことからもわかる。鍵を手本なしで描かせてみるとそれとわかるように描いていることから，物品の視覚イメージは消失していない。他のモダリティを使えば認識できることや物品の意味や使い方を言葉で説明できることは，意味記憶には問題がないことを示している。提示された物品の細かい部分まで見ることができるし，その物品の意味自体は失われていないのに，それが何であるかまったくわからない。連合型視覚失認とは，目で見た物体の表象が脳内で正確に像として成立しているものの，その像と意味とをつなぐ経路が切断されている状態であり，両側の後頭側頭葉の損傷もしくは左一側性の後頭側頭葉の損傷によって起こる。

４．相貌失認

ボーダマー（Bodamer, 1947）は，物体認知の能力には障害がないのに，顔の認知だけに限って障害を示す患者について報告した。ボーダマーは，顔の失認に対して相貌失認（prosopagnosia）という語を造り，他の失認と顔の失認とを分離した。熟知した顔を見て，誰であるのかわからなくなるのが相貌失認の基本症状である。視覚対象が顔であるという認知は保たれている。一方で，声を聴けば誰だかわかり，氏名や職業といった人物に関する知識も保たれている（石合，2012）。相貌失認は顔という視覚刺激に特異な視覚性の認知障害であり，相貌失認を物体の視覚失認と同じように統覚型相貌失認（apperceptive face agnosia）と連合型相貌失認（associative face agnosia）とに分けて考える場合もあるが（De Renzi et al., 1991 など），その妥当性や有用性については現在でも議論が分かれるところである。

統覚型相貌失認では，顔の物理的な特徴の認知に障害があるため，顔を顔として認知することが難しい。統覚型の場合，顔の異同弁別課題や顔のマッチング課題で成績が低下する。ボーダマーの患者には，「顔が白い楕円形の皿に似た平面のようで，妙に平らで白くて暗い目がついて見える」と主張する者や「一方の眉毛と鼻が傾いたように顔が歪んで見える」と主張する者がいた。

連合型相貌失認では，顔を顔と認知することができるが，誰の顔であるかわからない。連合型の場合，顔の異同弁別課題や顔のマッチング課題で成績は低下しない。顔の造作や表情の認知だけでなく性別や年齢の判断にも問題はない。連合型相貌失認患者が鏡に映る自分を見たとき，鏡の中には見知らぬ人物が映っているように感じる。鏡の前にいるのは自分なので，鏡の中に映った人物が自分であるとは理解しているが，映った顔自体には既知感はなく新奇なものにしか見えない。連合型相貌失認患者は，自分だけでなく，家族や友人や有名人の顔といった熟知相貌の認知と既知感が障害されている。

相貌失認の責任病巣は右半球の後頭側頭葉腹側部である考えられている。両側性の損傷で相貌失認が起こるのか，右一側性の損傷でも起こるのかについては統一した見解が得られていない。顔の認知に関わる神経機構は右半球優位なことが多いが，その側性化の強さは個人差が大きい。大多数の人では，顔の認知に関わる神経機構が，右半球ほどではないにせよ左半球にも存在している。その場合，右一側性の損傷では，明らかな相貌失認が起こらないことがある。仮に相貌失認が起こったとしても，両側性の損傷の場合よりも症状が軽いとの報告もある（Barton, 2008）。

5．特定の視覚機能の喪失

網膜に入る視覚刺激には，明るさ，形，色，奥行き，運動などさまざまな属性が含まれているが，脳の損傷によって，こうした属性のうちの特定のものだけの知覚が選択的に障害されることがある（河内，2013）。大脳性色盲は，外界から色が消えて白黒の世界になる状態で，紡錘状回後部（V4）とその前方を併せたV4複合体が責任病巣である。大脳性色盲患者は，色彩の弁別や呼称などが障害されるが，色覚を喪失したと訴えることはまれで，色が見えにくいとか，色が薄くなったなどと訴える。大脳性色盲では，色がついている対象はそれぞれの色の明るさに対応する灰色に見える（コンピュータ上のグレースケールや白黒映画のような見え方）。色彩の弁別や物体の認識が正常でも，色と色の意味との連合や物体と代表的な色との連合（たとえば，草は緑色，血は赤色）のような色彩の意味に関わる処理過程が障害されることがある。患者は，検査者が呼称した物品の本来の色彩を答えることができないうえに，色が塗られていない物品の絵に対してその物品本来の色彩を答えることができない。色名の呼称もできず，いくつかの色から指示された色を選択することもできない。このように色彩の知覚的な分析過程と色彩の意味処理過程との連絡が障害された状態を色彩失認という。色彩失認の病巣は左半球の下側頭後頭葉（とくにV4の前方部）であると考えられている。

側頭後頭接合部（V5/MT野）を損傷すると，運動視が喪失する（運動盲ともいう）。運動盲の患者L. M.は，他の視覚機能は正常であるが，刺激の運動を知覚できない。L. M.は，コーヒーがポットから出た瞬間に凍りついたように見え，カップの中のコーヒーの水面が上昇してくるのが知覚できないので，カップにコーヒーを注ぐことができない。また，最初は遠くにいた車が，道路を渡ろうとするときに突然目の前に現れたように見えるために，道路を自力で横断することができない。

6．半側空間無視

後頭頂葉が視覚領野や聴覚領野，体性感覚領野から入力される情報を統合することで，私たちは，物体や自分の体が空間内のどの位置にあるのかを認識することができる。その部位を損傷した患者は，損傷した大脳の反対側の空間にある刺激を無視するという症状を呈する。この障害を半側空間無視（hemispatial neglect）という。半側空間無視のほとんどは，右半球の損傷による左側空間の無視である。患者は，食事の際に左側にある物を食べ残す，服を着るときに左側の袖に腕を通さない，車いすで移動するときに左側をドアにぶつけるなどの行動を示すが，患者本人はこれらのことに気がついていないことが多い。厳密にいうと，左半側空間無視で無視されるのは左空間ではなく，左の方である（石合，2012）。左右方

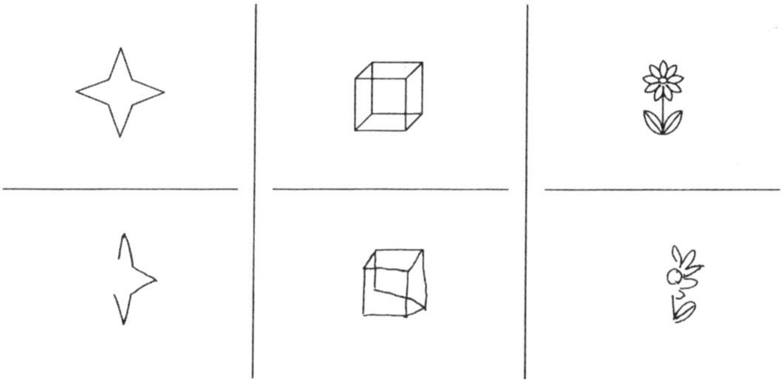

図 3　半側空間無視患者の模写

向で体幹の正中を基準とした空間座標において，左側に行けば行くほど発見や反応が困難になる。また，1 つの物体や一定の枠組みを基準とした物体中心の左側の無視が生じることもある（図 3）。

半側空間無視は，視覚処理過程の障害ではなく，注意機能の障害に起因している。右頭頂葉の脳腫瘍によって左半側空間無視症状を呈した患者に，左視野と右視野にそれぞれ別個に単語と絵とを同時に呈示し異同弁別判断を求めた。患者は左側には何も呈示されていないのだからばかげているといって適当に回答したが，かなり高い正答率であった（Volpe et al., 1979）。このことは，無視されている側の刺激が，脳内ではかなり高度な段階まで処理が進んでいるものの意識には上っていない状態であることを示しており，半側空間無視が注意機能の障害と関連が深いことを意味している。

半側空間無視の病巣は，古典的には下頭頂小葉付近であるが，前頭葉，側頭葉，視床，基底核などさまざまな部位の損傷でも発症することが知られている（石合，2012）。右半球のどの部位を損傷しても左半側空間無視が出現するのは，注意が脳内ではネットワークとして機能しているからだと考えられている。このネットワークの構成部位のどれか 1 つでも損傷すると注意機能の障害が発症する。

7．視覚認知に関わる 2 つの処理経路

網膜像は視神経を通って両側の外側膝状体に入力される。ついで，一次視覚皮質（V1）は，外側膝状体からの情報を受け取り，統合し，そこから，二次視覚皮質，ついで連合視覚皮質の種々の機能領域に個別に連絡している多くの経路に分離して並列的に情報を伝える。V1 以降は，「何経路（腹側経路）」と「どこ経路（背側経路）」という 2 つの主要な処理経路に分かれる。腹側経路は形態や色の情

報伝達と関連している。腹側経路では，V1 から V2 を経由した後に，おもに色彩処理を担っている V4 に入力され，下側頭葉に至ることで物体の認知が行われる。背側経路は，両眼視差や動きや空間定位に関わる情報伝達を担っている。背側経路では，V1 から V2 を経由し，動きの処理を担う V5/MT 野に入力され，その後に後頭頂葉に至ることで，空間定位と物体に対する運動の準備がなされる。腹側経路を損傷すると，物体を認識することは障害されるが，物体にぶつからないように歩いたり，物体に手を伸ばしてつかんだりすることはできる。連合型視覚失認は腹側経路の損傷によって生じている。一方で，背側経路を損傷すると，腹側経路を損傷した場合と逆の症状が生じる。半側空間無視や視覚運動失調は背側経路の損傷によって生じている。背側経路は，物体に対する「どこ」という処理に加えて，「どのように」という処理も行っている。

II　記憶の障害

記憶の障害についてはこれまでに数多くの研究がなされてきたが，それらの重要な研究に携わった研究者よりもこの分野で有名なのは，何百もの研究で被験者となった H. M. であろう。重度のてんかん発作に苦しめられていた H. M. は，27 歳のときにてんかん発作の発症場所だと推定された両側側頭葉内側部を外科的手術によって切除した。手術は成功し，てんかんの小発作は日常生活に問題を来さない程度になり，大発作は年に 1 回起こるか起こらないか程度にまでなった。しかしながら，術後の彼の生活は一変してしまった。知能は手術前と変わらなかったし，昔の記憶も思い出すことができたのだが，新しく経験したことをわずかの間しか覚えておくことができず，すぐに忘れてしまったのだ。H. M. の手術が行われた 1950 年代には，側頭葉内側部が記憶機能に重要であるとは認識されていなかった。H. M. が呈した重度の記憶障害に驚いた執刀医が，同様の手術を行うべきではないことを広くキャンペーンしたので，H. M. は記憶研究史上で最初で最後の症例となった。本節では，症例 H. M. について概観することで記憶障害について考えてみる。

1．エピソード記憶の障害

H. M. は手術後に関わった医療従事者のことを覚えることができずにいつも初対面のように振る舞ったし，数多くの研究に被験者として参加したにもかかわらず，参加した実験をどれ 1 つとして覚えていなかった。このように発症時点よりも新しい情報の記憶障害で，経験が脳に残らない症状を前向性健忘（anterograde amnesia）という。記憶を想起する時点から見て近い過去の記憶のことを臨床的には近時記憶（recent memory）といい，前向性健忘は近時記憶の障害ともいえる。

一方，発症時点よりも前の情報の記憶障害で，過去経験の記憶が想起できない症状を逆向性健忘（retrograde amnesia）という。記憶を想起する時点から遠く離れた時期の記憶のことを臨床的には遠隔記憶（remote memory）といい，逆向性健忘は遠隔記憶の障害ともいえる。H. M. の逆向性健忘は軽度で，当初は 2 年程度と考えられていたが，その後の研究では 11 年間に及ぶと修正された。逆向性健忘では，発症時点から一定期間の記憶は想起されないが，それ以前の記憶は想起できる。このように古い情報よりも新しい情報の方が障害を受けやすいことを「時間的勾配（リボー Ribot の法則）」という。どの程度の期間の記憶を想起できないかは重症度によって異なり，数日のこともあれば数カ月や数十年ということもある。アルコール性コルサコフ症候群の患者は，数十年という非常に長期間にわたる逆向性健忘を呈することもある。

エピソード記憶障害の責任病巣としては，パペッツ（Pepez, 1937）が情動回路として提唱したパペッツの回路（海馬－脳弓－乳頭体－視床前核－帯状回－海馬）と，ヤコブレフ（Yakovlev, 1948）が記憶回路として提唱したヤコブレフの回路（扁桃体－視床背内側核－前頭葉眼窩皮質－鈎状側－側頭葉皮質前部－扁桃体）である。乳頭体や視床背内側核の損傷によって記憶障害が起こることは 19 世紀から知られていたため，パペッツの回路とヤコブレフの回路が提唱されたのちには，両回路が記憶機能の神経基盤であると考えられてきた。海馬が記憶機能にとって重要であると見なされるようになったのは，H. M. が側頭葉内側部を切除した後に重篤な前向性健忘になったことによる。

前向性健忘は，新たな記憶痕跡を脳内に形成することが障害されていると考えられている。つまり，短期記憶から長期記憶への情報を転送する過程に障害あるといえる。実際，健忘症患者と健常者の系列位置効果を検証した研究によると，健忘症患者も健常者と同程度の新近性効果を示す一方で，健忘症患者の初頭効果は健常者よりも低くなることが明らかにされている。長期記憶は大脳新皮質に蓄えられているが，その貯蔵過程で，海馬は新しく経験した事柄を皮質のニューロンと結合させたり，相互に関連のある情報を統合したりして記憶痕跡を形成する役割を担っている。この働きを固定化（consolidation）というが，記憶痕跡の固定化にはある程度の時間が必要である。逆向性健忘で最近の記憶が障害されやすいという時間勾配が生じるのも，この記憶の固定化の仕組みと関連している。

２．短期記憶の障害

短期記憶は臨床的には即時記憶（immediate memory）と呼ばれている。短期記憶（即時記憶）の障害は，数唱のように少量の情報を短時間貯えて，取り出す記憶の障害である。短期記憶の障害は，聴覚言語性など，感覚モダリティと反応様式に特異的に現れる（石合，2012）。

H. M. の数唱は６～７桁であり，短期記憶に障害はない。このことは長期記憶の障害と短期記憶の障害が乖離していることを示している。K. C. は H. M. の記憶障害と逆の形の短期記憶と長期記憶の乖離を示している。K. C. は交通事故によって左頭頂葉に損傷が生じた若い男性で，聴覚的に呈示された刺激は１桁しか言い返せなかった。しかし，日常生活での記憶障害はなく，10 個の単語の系列を同年代の健常者よりも少ない反復回数で学習した（河内，2013）。

３．意味記憶の障害

物体，事実，概念などに関する言語性・視覚性にとらわれない「知識」と呼べる確立した記憶が幅広く，あるいは部分的に障害された病態が，意味記憶の障害である（石合，2012）。意味記憶の障害では，物品の意味を同定すること，物品の名称を呼称すること，物品の使用法を説明すること，単語の意味を理解したり説明したりすることなどが困難になる。

H. M. が手術後に前向性健忘を発症した後でも，意味記憶は障害されていなかった。当時の記憶研究においては，H. M. のようにエピソード記憶が障害を受けた場合でも，意味記憶は獲得されうるのかということに関心が集まっていた。H. M. が手術を受けた後に出現した有名人について学習しているか検討したところ，呈示された有名人の名前に対して何をした人物かを答える課題や，有名人の名前を与えて姓を答えさせる課題において健常者ほどではないにせよ，かなり優れた成績を示した。このことは，エピソード記憶が障害されていても，意味記憶の獲得が可能であることを示しており，意味記憶がエピソード記憶と独立したシステムであることを表している。

意味記憶の障害は，頭部外傷や脳血管障害などさまざまな脳損傷で見られる。神経変性疾患の中では，アルツハイマー型認知症（dementia of Alzheimer's type）でも意味記憶の障害が認められるが，前頭側頭型認知症（frontotemporal dementia），とくに意味性認知症（semantic dementia）では語の意味に著しい障害が目立つ。これらの疾患に共通した損傷部位は側頭葉であることから，側頭葉が意味記憶に障害をきたす共通の神経基盤として考えられている。

4．手続き記憶の障害

運動技能に熟練したり，課題の遂行が容易になったりするような，動作や行為の記憶および認知処理における効率さを獲得し保持する記憶のことを手続き記憶（procedural memory）という。H. M. が手術後にはじめて経験した鏡映描写課題の成績は，日を追うごとに上昇した。H. M. は重度の前向性健忘であったために，鏡映描写課題に自分が取り組んだこと自体を忘れてしまっているが，明らかに運動学習は成立していた。運動学習以外にも，簡単な迷路学習や鏡映文字の読み取り学習といった知覚学習が成立している，プライミング効果が認められるなど，H. M. の手続き記憶は保持されていた。

エピソード記憶を選択的に障害する健忘症では手続き記憶が保持される一方で，パーキンソン病やハンチントン舞踏病では，エピソード記憶は保持されるが手続き記憶は障害される。手続き記憶の障害には，大脳基底核や小脳，補足運動野が関わっていると考えられている。

◆学習チェック

□　物体の認知の障害について理解した。

□　顔の認知の障害について理解した。

□　注意機能の障害について理解した。

□　記憶の障害について理解した。

□　長期記憶の各システムが独立して機能していることを理解した。

より深めるための推薦図書

石合純夫（2012）高次脳機能障害学 第 2 版．医歯薬出版株式会社.

河内十郎（2013）神経心理学―高次脳機能研究の現状と問題点．培風館.

八田武志（2003）脳のはたらきと行動のしくみ．医歯薬出版株式会社.

山鳥重（1985）神経心理学入門．医学書院.

McCarthy, R. A.・Warrington, E. K.，相馬芳明・本田仁視監訳（1996）認知神経心理学．医学書院.

文　献

Barton, J. J. S.（2008）Structure and function in acquired prosopagnosia: Lessons from a series of ten patients with brain damage. *Journal of Neuropsychology*, 2; 197-225.

Benson, D. F. & Greenberg, J. P.（1969）Visual form agnosia: A specific defect in visual perception.

Archives of Neurology, 20; 82-89.
Bodamer, J.（1947）Die Prosop-agnosie. *Archiv fur Pyschiatrie und Nervenkrankheiten*, 179; 6-53.
De Renzi, E., Faglioni, P., Grossi, D. et al.（1991）Apperceptive and associative forms of prosopagnosia. *Cortex*, 23; 575-597.
石合純夫（2012）高次脳機能障害学 第２版．医歯薬出版株式会社.
河内十郎（2013）神経心理学―高次脳機能研究の現状と問題点．培風館.
Lissauer, H.（1890）Ein Fall von Seelenblindheit nebst einem Beitrage zur Theorie derselben. *Archiv fur Pyschiatrie und Nervenkrankheiten*, 21; 222-270.
Papez, J. W.（1937）A proposed mechanisms of emotion. *Archives of Neurology and Psychiatry*, 38; 725-743.
Rubens, A. B. & Benson, D. R.（1971）Associative visual agnosia. *Archives of Neurology*, 66; 654-662.
Volpe, B. T., LeDoux, J. E. & Gazzaniga, M. S.（1979）Information processing of visual stimuli in an “extinguished” field. *Nature*, 282; 722-724.
Yakovlev, P. I.（1948）Motility, behavior, and the brain. *Journal of Nervous and Mental Disease*, 107; 313-335.

索　引

ら行

わ行

付録

大学及び大学院における必要な科目

○大学における必要な科目
A．心理学基礎科目
①公認心理師の職責
②心理学概論
③臨床心理学概論
④心理学研究法
⑤心理学統計法
⑥心理学実験
B．心理学発展科目
（基礎心理学）
⑦知覚・認知心理学
⑧学習・言語心理学
⑨感情・人格心理学
⑩神経・生理心理学
⑪社会・集団・家族心理学
⑫発達心理学
⑬障害者（児）心理学
⑭心理的アセスメント
⑮心理学的支援法
（実践心理学）
⑯健康・医療心理学
⑰福祉心理学
⑱教育・学校心理学
⑲司法・犯罪心理学
⑳産業・組織心理学
（心理学関連科目）
㉑人体の構造と機能及び疾病
㉒精神疾患とその治療
㉓関係行政論
C．実習演習科目
㉔心理演習
㉕心理実習（80 時間以上）

○大学院における必要な科目
A．心理実践科目
①保健医療分野に関する理論と支援の展開
②福祉分野に関する理論と支援の展開
③教育分野に関する理論と支援の展開
④司法・犯罪分野に関する理論と支援の展開
⑤産業・労働分野に関する理論と支援の展開
⑥心理的アセスメントに関する理論と実践
⑦心理支援に関する理論と実践
⑧家族関係・集団・地域社会における心理支援に関する理論と実践
⑨心の健康教育に関する理論と実践
B．実習科目
⑩心理実践実習（450 時間以上）
※「A．心理学基礎科目」，「B．心理学発展科目」，「基礎心理学」，「実践心理学」，「心理学関連科目」の分類方法については，上記とは異なる分類の仕方もありうる。

○大学における必要な科目に含まれる事項
A．心理学基礎科目
①「公認心理師の職責」に含まれる事項
1. 公認心理師の役割
2. 公認心理師の法的義務及び倫理
3. 心理に関する支援を要する者等の安全の確保
4. 情報の適切な取扱い
5. 保健医療，福祉，教育その他の分野における公認心理師の具体的な業務
6. 自己課題発見・解決能力
7. 生涯学習への準備
8. 多職種連携及び地域連携
②「心理学概論」に含まれる事項
1. 心理学の成り立ち
2. 人の心の基本的な仕組み及び働き
③「臨床心理学概論」に含まれる事項
1. 臨床心理学の成り立ち
2. 臨床心理学の代表的な理論
④「心理学研究法」に含まれる事項
1. 心理学における実証的研究法（量的研究及び質的研究）
2. データを用いた実証的な思考方法
3. 研究における倫理
⑤「心理学統計法」に含まれる事項
1. 心理学で用いられる統計手法
2. 統計に関する基礎的な知識
⑥「心理学実験」に含まれる事項
1. 実験の計画立案
2. 統計に関する基礎的な知識
B．心理学発展科目
（基礎心理学）
⑦「知覚・認知心理学」に含まれる事項
1. 人の感覚・知覚等の機序及びその障害
2. 人の認知・思考等の機序及びその障害
⑧「学習・言語心理学」に含まれる事項
1. 人の行動が変化する過程
2. 言語の習得における機序
⑨「感情・人格心理学」に含まれる事項

1. 感情に関する理論及び感情喚起の機序
2. 感情が行動に及ぼす影響
3. 人格の概念及び形成過程
4. 人格の類型，特性等

⑩「神経・生理心理学」に含まれる事項
1. 脳神経系の構造及び機能
2. 記憶，感情等の生理学的反応の機序
3. 高次脳機能障害の概要

⑪「社会・集団・家族心理学」に含まれる事項
1. 対人関係並びに集団における人の意識及び行動についての心の過程
2. 人の態度及び行動
3. 家族，集団及び文化が個人に及ぼす影響

⑫「発達心理学」に含まれる事項
1. 認知機能の発達及び感情・社会性の発達
2. 自己と他者の関係の在り方と心理的発達
3. 誕生から死に至るまでの生涯における心身の発達
4. 発達障害等非定型発達についての基礎的な知識及び考え方
5. 高齢者の心理

⑬「障害者（児）心理学」に含まれる事項
1. 身体障害，知的障害及び精神障害の概要
2. 障害者（児）の心理社会的課題及び必要な支援

⑭「心理的アセスメント」に含まれる事項
1. 心理的アセスメントの目的及び倫理
2. 心理的アセスメントの観点及び展開
3. 心理的アセスメントの方法（観察，面接及び心理検査）
4. 適切な記録及び報告

⑮「心理学的支援法」に含まれる事項
1. 代表的な心理療法並びにカウンセリングの歴史，概念，意義，適応及び限界
2. 訪問による支援や地域支援の意義
3. 良好な人間関係を築くためのコミュニケーションの方法
4. プライバシーへの配慮
5. 心理に関する支援を要する者の関係者に対する支援
6. 心の健康教育

（実践心理学）

⑯「健康・医療心理学」に含まれる事項
1. ストレスと心身の疾病との関係
2. 医療現場における心理社会的課題及び必要な支援
3. 保健活動が行われている現場における心理社会的課題及び必要な支援
4. 災害時等に必要な心理に関する支援

⑰「福祉心理学」に含まれる事項
1. 福祉現場において生じる問題及びその背景
2. 福祉現場における心理社会的課題及び必要な支援
3. 虐待についての基本的知識

⑱「教育・学校心理学」に含まれる事項
1. 教育現場において生じる問題及びその背景
2. 教育現場における心理社会的課題及び必要な支援

⑲「司法・犯罪心理学」に含まれる事項
1. 犯罪・非行，犯罪被害及び家事事件についての基本的知識
2. 司法・犯罪分野における問題に対して必要な心理に関する支援

⑳「産業・組織心理学」に含まれる事項
1. 職場における問題（キャリア形成に関することを含む。）に対して必要な心理に関する支援
2. 組織における人の行動

（心理学関連科目）

㉑「人体の構造と機能及び疾病」に含まれる事項
1. 心身機能と身体構造及びさまざまな疾病や障害
2. がん，難病等の心理に関する支援が必要な主な疾病

㉒「精神疾患とその治療」に含まれる事項
1. 精神疾患総論（代表的な精神疾患についての成因，症状，診断法，治療法，経過，本人や家族への支援を含む。）
2. 向精神薬をはじめとする薬剤による心身の変化
3. 医療機関との連携

㉓「関係行政論」に含まれる事項
1. 保健医療分野に関係する法律，制度
2. 福祉分野に関係する法律，制度
3. 教育分野に関係する法律，制度
4. 司法・犯罪分野に関係する法律，制度
5. 産業・労働分野に関係する法律，制度

㉔「心理演習」に含まれる事項
（略）

㉕「心理実習」に含まれる事項
（略）

執筆者一覧

箱田裕司（はこだゆうじ：九州大学名誉教授　ご逝去）＝編者

光藤宏行（みつどうひろゆき：九州大学大学院人間環境学研究院）
上田和夫（うえだかずお：九州大学大学院芸術工学研究院）
河邉隆寛（かわべたかひろ：NTT コミュニケーション科学基礎研究所人間情報研究部）
河原純一郎（かわはらじゅんいちろう：北海道大学大学院文学研究院）
広瀬雄彦（ひろせたけひこ：京都女子大学発達教育学部）
改田明子（かいだあきこ：二松学舎大学文学部）
中村奈良江（なかむらならえ：西南学院大学人間科学部）
中村國則（なかむらくにのり：成城大学社会イノベーション学部）
小松佐穂子（こまつさほこ：桃山学院大学社会学部）
岩原昭彦（いわはらあきひこ：京都女子大学発達教育学部）

監修　野島一彦（のじまかずひこ：九州大学名誉教授・跡見学園女子大学）
　　　繁桝算男（しげますかずお：東京大学名誉教授・慶應義塾大学）

編者略歴
箱田裕司（はこだゆうじ）
九州大学名誉教授。2022 年逝去。
1977 年，九州大学大学院文学研究科博士課程単位取得満期退学。文学博士。

主な著書：『心理学研究法 2 認知』（編集，誠信書房，2012），『現代の認知心理学 7 認知の個人差』（編集，北大路書房，2011），『認知心理学』（共著，有斐閣，2010）ほか

公認心理師の基礎と実践⑦［第 7 巻］
知覚・認知心理学

2020 年 3 月 10 日　第 1 刷
2023 年 4 月 10 日　第 2 刷

監 修 者　野島一彦・繁桝算男
編　　者　箱田裕司
発 行 人　山内俊介
発 行 所　遠見書房
製作協力　ちとせプレス（http://chitosepress.com）

〒 181-0001 東京都三鷹市井の頭 2-28-16
株式会社　遠見書房
TEL 0422-26-6711　FAX 050-3488-3894
tomi@tomishobo.com　http://tomishobo.com
遠見書房の書店　https://tomishobo.stores.jp

印刷　太平印刷社・製本　井上製本所

ISBN978-4-86616-057-3　C3011